ATTILA
DANS LES GAULES
EN 451;

PAR

UN ANCIEN ÉLÈVE DE L'ÉCOLE POLYTECHNIQUE.

Paris,
Carilian-Gœury, Libraire, quai des Augustins, 41.
Chalons-s.-Marne, Boniez-Lambert, rue d'Orfeuil, 16.
Épinal, P.-H. Faguier, Imprimeur.

1833.

ATTILA

DANS LES GAULES

EN 451.

ÉPINAL. Imprimerie de FAGUIER

ATTILA

DANS LES GAULES

EN 451;

PAR

UN ANCIEN ÉLÈVE DE L'ÉCOLE POLYTECHNIQUE.

.....Crudelis ubiquè
Luctus, ubiquè pavor, et plurima mortis imago.
Eneid. — Lib. 2.

Paris,
CARILIAN-GŒURY, LIBRAIRE, QUAI DES AUGUSTINS, 41.
CHALONS-S.-MARNE, BONIEZ-LAMBERT, RUE D'ORFEUIL, 10.
ÉPINAL, P.-H. FAGUIER, IMPRIMEUR.

1833.

Propriété.

AVERTISSEMENT.

Les faits connus sur *Attila* sont peu nombreux ; j'ai cherché à remplir les lacunes qui les séparent. Je donne comme vrai ce qui n'est que vraisemblable ; mes conjectures sont devenues pour moi des réalités : je n'ai cependant pas eu l'intention de faire un *roman historique*.

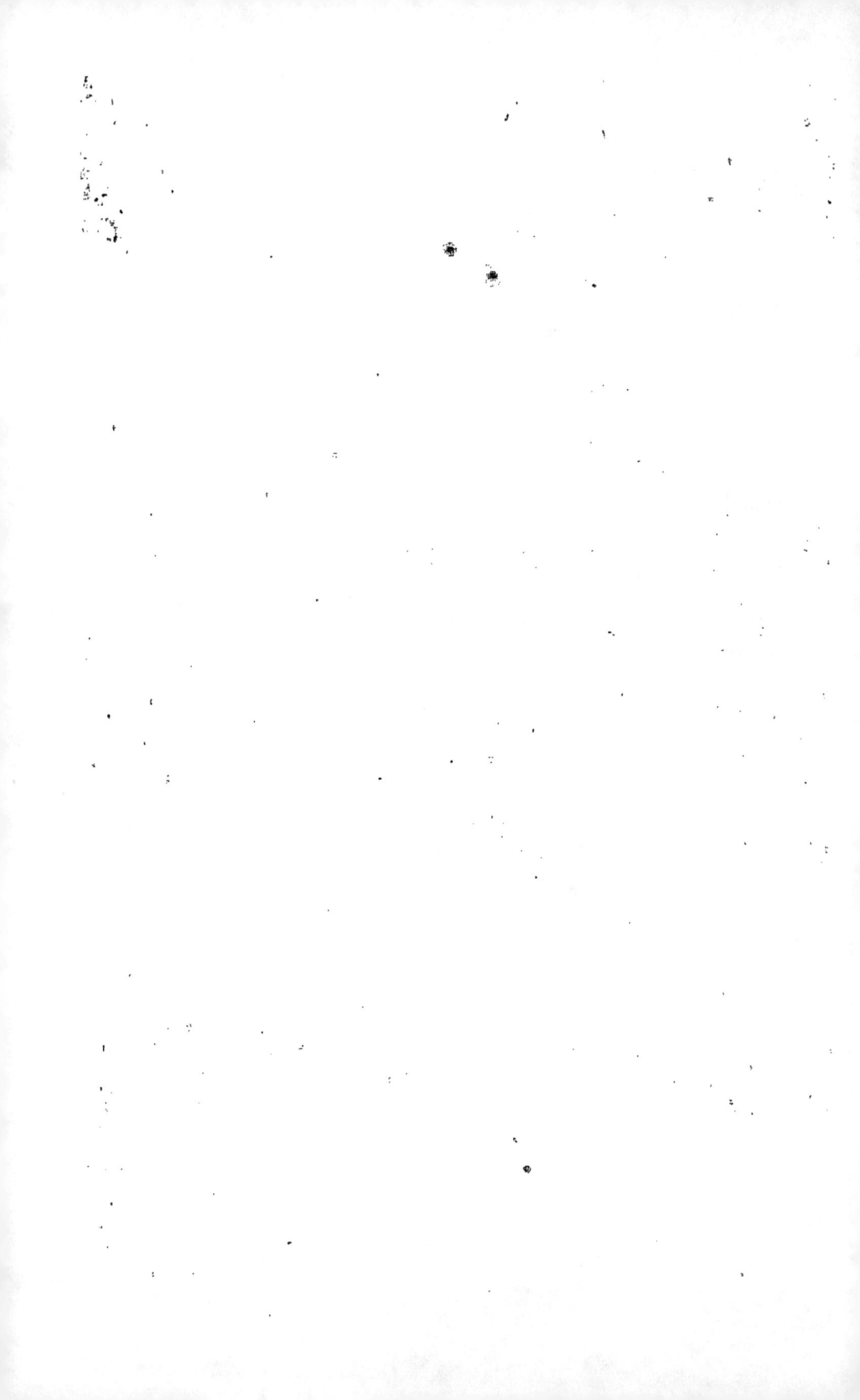

ATTILA

DANS LES GAULES

EN 451.

INTRODUCTION.

Deux catastrophes séparées par un intervalle de quatorze siècles, ont rendu à jamais célèbres les plaines de la Champagne; Attila y a trouvé le terme de ses ravages, Napoléon le terme de sa gloire. Un intérêt puissant, un intérêt immense, s'attache donc à cette partie du sol de la France.

C'est là, en effet, qu'un tyran destructeur, un brigand sanguinaire, celui qui osait, dans le délire de ses rêves insensés, se proclamer lui-même le fléau envoyé de Dieu pour châtier les crimes de la terre, a vu sonner l'heure fatale à ses aveugles et impitoyables fureurs ; là que le torrent de la barbarie est venu se briser pour la première fois contre les flots naissants de la moderne civilisation : là aussi un génie tutélaire, un guerrier magnanime, celui que la providence destinait à montrer dans sa personne toutes les extrêmités des choses humaines, seul contre l'Europe conjurée, frappe ses derniers coups, épuise ses dernières ressources, et après avoir, par l'ascendant de son génie, par la terreur de son nom, balancé long-temps, dans une lutte inégale, les arrêts du destin, subit enfin le sort que lui réservaient, dès ses premiers pas dans la carrière de la gloire, des rivalités haineuses et d'arrogantes médiocrités. L'un combat pour détruire, l'autre pour édifier; celui-là s'enivre de carnage, couvre la terre d'un voile de sang et laisse partout des ténèbres sur des ruines ; celui-ci gémit sur ses plus glorieux trophées, fait sans cesse un appel aux sentiments nobles, aux passions généreuses, et poursuit, sans relâche, de toutes les facultés de son âme, le triomphe de la raison, de la vérité, de la justice. ATTILA, toujours prêt à laver dans le sang les larmes qu'il fait répandre, se fait un trophée des malédictions du monde, et après d'horribles triomphes exhale une vie souillée de crimes dans les convulsions de la débauche; NAPOLÉON, après avoir parcouru à pas de géant toutes les routes de la gloire, trahi par le sort, en proie à l'ingratitude la plus noire, poursuivi par la haine farouche d'une caste impitoyable, termine une vie de prodiges par un glorieux martyre, et meurt proclamé par les sympathies populaires le modèle des rois, le bienfaiteur des peuples, le seul grand homme depuis César.

Qui pourrait, sans une émotion profonde, fouler le théâtre de si grands événements? Qui pourrait ne pas déplorer le silence de l'histoire, si l'histoire devait rester muette sur d'aussi grands souvenirs? Quel est le guerrier, le Français digne de ce nom, qui n'aime à lui demander compte des moindres détails de ces deux mémorables catastrophes?

Les témoins, les acteurs de la dernière sont encore vivants pour la plupart au milieu de nous; nous pouvons entendre leurs récits; la génération présente transmettra fidèlement à la postérité la plus reculée le souvenir de leurs hauts faits; les braves qui ont teint de leur sang ces vastes plaines, recevront les hommages de nos derniers neveux; leur mémoire sera toujours chère à la France, elle ne périra jamais.

Il n'en est pas ainsi du drame sanglant que vit jouer le ve siècle. Quelles furent les circonstances de l'invasion d'ATTILA dans les Gaules, quel en fut le théâtre? quelles villes, quels peuples essayèrent d'arrêter la marche victorieuse des Barbares? quels champs furent témoins de sa défaite? Sur la plupart de ces questions, l'histoire est muette ou n'offre qu'une réponse douteuse et environnée d'obscurités. Les plus anciens auteurs ne renferment rien de précis sur le fait principal, sur le lieu même où fut livrée la sanglante bataille qui décida du sort de l'invasion. Les écrivains modernes, en s'égarant, comme à l'envi, dans le vaste champ des hypothèses sans preuves, des conjectures sans vraisemblance, n'ont fait qu'épaissir ces ténèbres, et l'on peut répéter encore aujourd'hui ce que disait *Sabathier* en 1753, dans le sein de l'Académie de Châlons, « que « ce sujet a été jusqu'ici une source intarissable de dis- « putes parmi les savants et les critiques les plus judi- « cieux, mais qu'il y en a peu qui aient examiné la « question à fond et qui se soient mis sur la voie d'une « véritable solution. »

Témoin de ces incertitudes, convaincu par le vague et l'incohérence même des opinions émises jusqu'à ce jour, que l'événement qui a le plus contribué à faire rejaillir sur les champs catalauniens la juste célébrité dont ils jouissent dans l'histoire, n'avait pas encore été étudié convenablement, j'ai consacré quelques loisirs aux recherches dont je vais exposer les résultats. Ma position m'ayant mis à même de parcourir fréquemment les plaines de la Champagne, j'ai pu faire un examen détaillé et attentif de celle qu'une tradition non interrompue représente comme ayant été le théâtre de la bataille d'ATTILA. J'ai cru que l'ambition de sauver de l'oubli l'un des plus beaux titres de gloire de ces champs fameux, était permise au citoyen adoptif de l'antique cité qui leur a donné son nom ; c'est dans ce but que j'ai rassemblé les matériaux que je soumets aux lumières des habiles explorateurs de nos antiquités nationales et à la patriotique indulgence de mes concitoyens.

Me reportant à l'époque de l'invasion, j'essayerai, dans un premier chapitre, de recomposer, à l'aide du texte des écrivains du moyen âge, de la tradition et des monuments, l'histoire de cet événement reculé; dans un second chapitre, je me livrerai à l'examen critique et à la réfutation de tous les récits de quelque poids qui ont été publiés sur le même sujet.

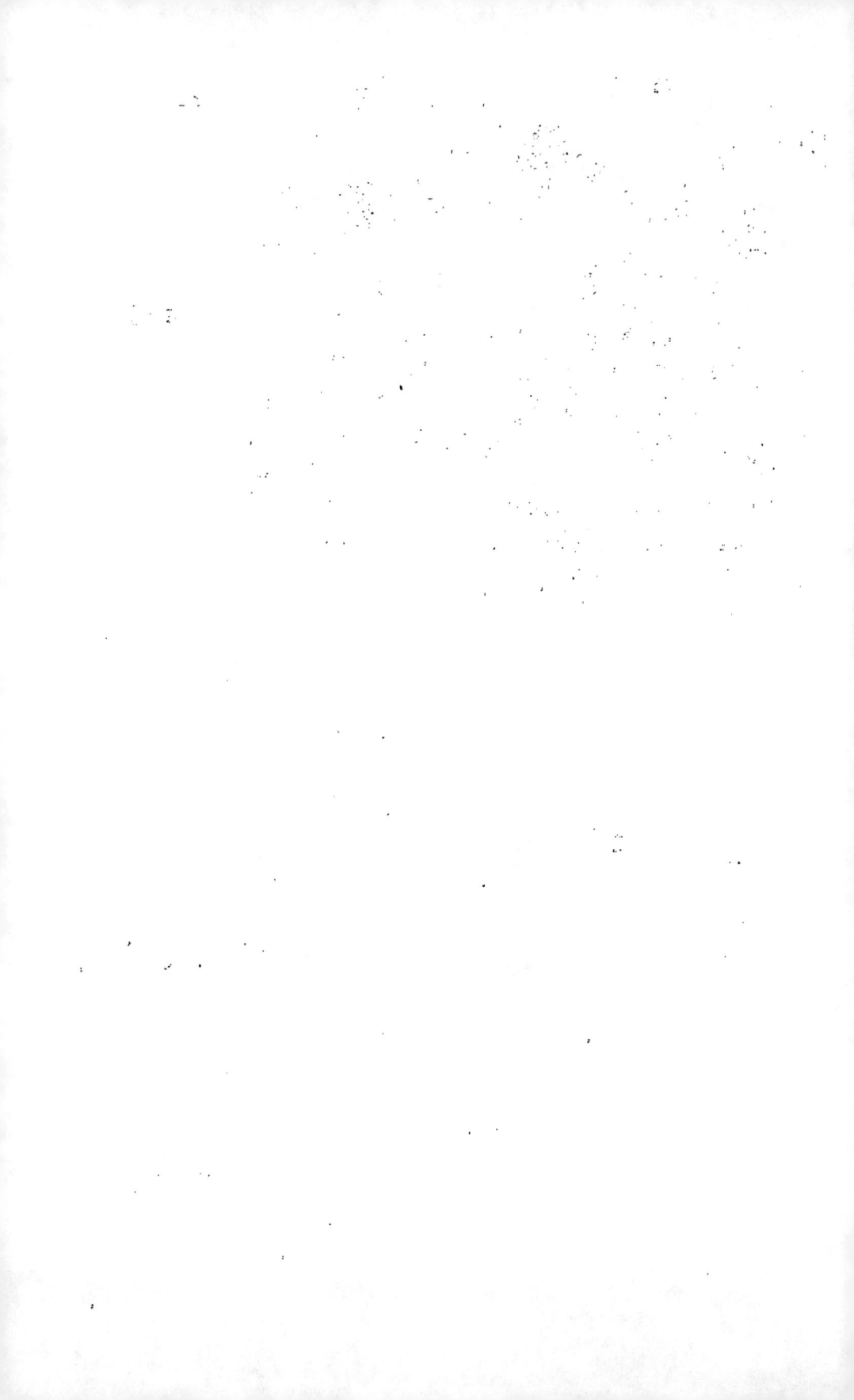

CHAPITRE PREMIER.

Histoire de l'Invasion.

En transférant le siége de l'empire à *Bysance*, Constantin avait moins un but religieux que politique; il se proposait moins, par cette résolution extraordinaire, de fuir les honteuses superstitions du paganisme que de rétablir l'ascendant du nom Romain dans toutes les contrées où la victoire l'avait fait pénétrer. A la vérité sa grande âme devait se trouver mal à l'aise au sein d'une ville livrée à une corruption sans fréin et comme enivrée d'un culte qui divinisait tous les genres de débauche; au milieu d'hommes dont les goûts, les mœurs, les idées contrastaient d'une manière si étrange avec le langage élevé, la conduite noble, les maximes pures et austères des disciples de l'Évangile. Il devait surtout ressentir un vif chagrin des sentiments hostiles qui se manifestèrent contre lui à l'occasion de l'assassinat de l'infortuné Crispus, son fils; de la mort violente de l'incestueuse Faustine, et du meurtre non moins odieux de plusieurs personnages illustres, condamnés sur de vagues rumeurs, ou dont tout le crime consistait à porter ombrage à un despotisme qu'importunait la plainte et qu'irritait la plus légère contradiction. Au milieu des regrets amers que lui arrachaient publiquement tant de funestes catastrophes, il ne pouvait que déplorer l'aveuglement fatal qui confondait dans la même condamnation le coupable et sa croyance; qui semblait reprocher au nouveau culte, ennemi de toute violence, d'autoriser, en ne les prévenant pas, des actes aussi sanguinaires. Mais si ces pénibles circonstances durent lui inspirer de l'éloignement pour le séjour de Rome; si, malgré la foule empressée des courtisans et des flatteurs, elles y attristèrent pour jamais son existence par un sombre isolement; la raison d'État, l'intérêt de l'empire, parlèrent toujours plus haut à son cœur que des affections purement personnelles; jamais ces grands mobiles ne furent balancés en lui par le sentiment d'un étroit égoïsme, et les devoirs de l'empereur l'emportèrent constamment sur les goûts et sur les penchants du chef de famille et du simple citoyen. L'histoire doit proclamer à sa louange que des motifs d'une haute et généreuse politique lui inspirèrent seuls la grande résolution qu'il prit, après un séjour de près de vingt ans à Rome, de quitter cette reine du monde pour n'y plus revenir jamais.

Le Bosphore, situé à peu près à égale distance des frontières de l'empire les plus menacées par les Barbares, avait fixé toute son attention. Tranquille sur l'Occident et sur le Midi, c'était à l'Orient et au Nord que se trouvaient ses plus dangereux ennemis. En effet, par l'Espagne il contenait l'Afrique, et la Germanie par les Gaules où le nom de son père était toujours vénéré : l'Italie était à portée de peser également sur l'une ou sur l'autre de ces grandes provinces depuis long-temps façonnées au joug et au sein desquelles, depuis Jules César, le pouvoir de Rome n'avait plus été sérieusement contesté.

Mais les Scythes et les Parthes inquiétaient sans cesse dans l'Orient une domination incertaine et mal assurée. Souvent vaincus, jamais domptés, ces barbares tenaient les armées romaines dans de perpétuelles alarmes, et ne laissaient ni paix ni trève à leurs rudes travaux. Plus forts de leurs déserts et de leur manière de combattre, que de leur nombre et de leur vaillance, ils reparaissaient le lendemain d'une défaite plus audacieux et plus redoutables qu'auparavant.

Bysance faisait face aux uns et aux autres; c'était la clef de l'Europe et de l'Asie, du Pont-Euxin et de la mer Égée; c'était comme une place d'armes et un centre naturel des opérations militaires destinées à conserver intactes les barrières de l'Euphrate et du Danube; barrières sans cesse contestées, mais indispensables à la sécurité de l'empire, et que les Romains ne voulaient plus franchir, ne l'ayant presque jamais fait impunément.

Cette position était trop belle, trop importante pour échapper à l'œil exercé de Constantin. Depuis la défaite de Licinius, elle n'avait pas cessé un seul jour d'occuper ses pensées. Aussitôt qu'il est débarrassé de soins plus urgents, elle fixe irrévocablement son choix. CONSTANTINOPLE s'élève au lieu où fut Bysance. Cette magnifique rivale de Rome brille de toute les richesses du luxe, de toutes les merveilles des arts; il en fait la dédicace en 330.

Mais l'établissement de cette nouvelle capitale était à peine achevé, que la situation de l'empire ne tarda pas à changer.

Les Gaules étaient toujours un objet de convoitise pour les peuples qui habitaient au-delà du Rhin. Plusieurs fois battus et repoussés, ils revenaient toujours à la charge. Le moment approchait où ce torrent allait déborder de toutes parts et ébranler l'empire jusque dans ses fondements.

Ces menaces d'invasion, qui grondaient sans cesse comme un orage sur tous les points d'un horison lointain, avaient fait sentir la nécessité de donner plusieurs chefs à l'empire. Ce grand corps énervé par le luxe et par la mollesse, passait sans intervalle de la virilité à la décrépitude; cessant de croître, il allait décliner rapidement. La puissance militaire s'affaiblit encore plus vîte que la puissance civile; moins d'efforts en effet sont nécessaires pour conserver que pour acquérir. Le goût des armes se perd avec l'habitude des combats; un ennemi vigilant s'en aperçoit : c'est le moment favorable pour l'attaque, il le saisit. Celui qui se tient sur la défensive est rarement victorieux; c'est à l'audace et à la rapidité de ses agressions que Rome avait dû tous ses succès.

Les successeurs de Constantin en firent bientôt la triste expérience; moins d'un siècle après ce règne glorieux, l'empire était inondé, dévasté, rançonné par un déluge de barbares, Francs, Sarmates, Goths, Saxons, Allemands, Bourguignons, Suèves, Alains, Vandales.

Tant que les Romains dédaignèrent les richesses, ils furent dignes de les posséder; mais les vainqueurs de l'univers ne surent pas se vaincre eux-mêmes. La soif de l'or, irritée par l'enivrement d'un luxe insensé, d'une sensualité effrénée, eut bientôt fait disparaître toutes les vertus qui avaient fait la force et la grandeur de la république; la perte des mœurs fut le tombeau de sa puissance. Rome victorieuse compta bientôt parmi ses citoyens moins d'hommes libres que d'esclaves; les peuples vaincus conservèrent seuls le génie qui enfante la liberté.

Tandis que le colosse, haletant de vices et de débauches, s'affaissait sous le poids de sa propre corruption, ses ennemis plus nombreux, plus habiles, plus implacables, croissaient en énergie et en audace, et allaient bientôt lui faire expier, par de sanglantes représailles, dix siècles d'injures, de rapines et de cruautés. L'impulsion était donnée: tout déclinait à Rome, tandis que tout prospérait dans les rangs des Barbares.

La grande révolution morale opérée par le christianisme devait, dans un sens, contribuer à ce résultat. Une religion de paix et d'amour, qui a horreur du sang, qui rend l'homme à toute la dignité de son être, qui l'épure et l'ennoblit en lui révélant la grandeur de ses destinées, devait faire tomber les armes des mains de ceux qui s'animeraient de ses généreuses inspirations, qui s'éleveraient à la hauteur de ses dogmes par la pureté de son culte et la sainteté de sa morale. Son esprit de mansuétude et de tolérance s'infiltrait peu à peu dans les mœurs et y jetait les bases du nouveau droit public que tous les peuples allaient bientôt adopter. Ennemi des guerres d'ambition, le chrétien préférait une paix sans gloire, mais exempte de violences et d'injustices, aux plus brillantes victoires toujours souillées par les fléaux que la guerre, même la plus juste, fait peser sur l'humanité. Toute agression lui était odieuse, les barbares étaient à ses yeux des frères à éclairer et à convertir, non des rebelles à punir et à exterminer.

Sous l'influence toujours croissante de ces diverses causes, l'empire n'était plus cet aigle au vol rapide, à la serre sanglante, qui lançait au loin la foudre sur tous les points d'un immense horizon; ce lion terrible, impétueux, qui, d'un seul bond, d'un seul choc, atteignait, terrassait sa proie; ce géant formidable à la poitrine d'airain, aux jambes de fer, qui étreignait à la fois de ses bras puissants et le Rhin et le Danube, et l'Euphrate et le Nil, et les glaces du Nord et les sables du Désert: c'était un amas confus de membres disjoints, de lambeaux épars, de débris souillés, corrompus, imposants encore par leur masse, mais énervés; brillants, mais sans vigueur; jetant encore un reflet de grandeur sur la scène du monde, mais aux prises avec le trépas et sentant déjà les étreintes du néant qui réclamait sa proie. D'affreux craquements annonçaient que les temps étaient proches, des chocs redoublés allaient faire crouler le colosse sur sa base d'argile; ses traces même devaient disparaître et l'empreinte de ses pas ne serait plus marquée que par des débris.

La barrière de l'Euphrate n'était plus respectée, l'Afrique était envahie; le Rhin et le Danube, secouant un joug odieux, échappaient à Rome et ne protégeaient plus que les incursions de ses ennemis les plus acharnés.

Parmi ces ennemis, les *Huns* se sont rendus célèbres par leurs ravages. La terreur que ces barbares répandirent long-temps en Europe et en Asie a fixé sur eux, sur leurs expéditions, sur leur origine, l'attention des historiens.

L'espèce humaine est originaire des bords de l'Euphrate. C'est du centre de l'Asie méridionale que sont partis tous les essaims qui peuplent aujourd'hui les différentes contrées du globe. Chaque famille, chaque tribu prit une direction différente; les uns se portant à l'Ouest, parcoururent successivement toutes les contrées de l'Asie mineure, traversèrent le Bosphore, et de proche en proche se répandirent dans les différentes parties de l'Europe. D'autres s'enfonçant au nord sur les rivages paisibles de la mer Caspienne et dans les vallées abruptes du Caucase, franchirent bientôt cette barrière, et faisant à l'Ouest le tour du Pont-Euxin, se rencontrèrent avec les premiers, au bout de plusieurs siècles, sur les bords du Danube. D'autres encore, après avoir marché constamment à l'Est, atteignirent les limites du continent oriental, et décrivant à gauche un demi-cercle au pied de l'immense plateau du Thibet, se répandirent dans les solitudes presque sans limites de l'Asie septentrionale, solitudes désolées, d'où la stérilité du sol, l'âpreté du climat, l'isolement, le besoin et l'espoir d'une existence moins misérable, les poussèrent sans relâche jusqu'aux lieux déjà occupés par les races caucasiques avec lesquelles ils entamèrent un conflit que quarante siècles n'ont pas vu terminer.

Quelques-uns de ceux-ci, rappelés par la fertilité de la Chine, d'où ils s'étaient éloignés dans l'espoir, si cruellement déçu, de trouver mieux encore, retournèrent sur leurs pas et essayèrent à plusieurs reprises d'y rentrer. La grande muraille fut construite pour arrêter leurs incursions. Quelquefois vainqueurs, mais définitivement refoulés dans les plaines stériles de la Tartarie, resserrés entre la grande muraille, les déserts du Thibet et les mers du Nord, ils dûrent diriger leurs courses aventureuses vers l'Occident, seule issue désormais ouverte à leur turbulente et inquiète activité.

Telle est l'origine des Huns, dont l'existence se révèle pour la première fois à l'histoire, vers le IIe siècle de l'ère chrétienne. Ce peuple, qui a acquis en Europe une si funeste célébrité, répandu d'abord vers les sources ignorées de la Léna, de l'Irtick et de l'Obi, occupait le pays des Baskirs, et se consuma long-temps dans de misérables luttes contre des peuplades sans nom, encore plus pauvres et plus barbares que lui. Attiré par les contrées fertiles et déjà populeuses que baigne le Pont-Euxin, il franchit plus tard le Jaïk, et chassant devant lui les Alains, peuple d'origine caucasique, il s'arrête pendant plusieurs siècles sur les confins de l'Europe et de l'Asie, entre le Volga et le Tanaïs, lieux où se sont vidées depuis tant de sanglantes querelles entre l'Orient et l'Occident, ces deux puissants rivaux de gloire, de richesse et de civilisation. Plus tard encore il fond sur les Ostrogoths, peuple venu à sa rencontre de la Scandinavie et des bords de la Vistule, et répandu en foule sur la rive septentrionale de la mer Noire. Après une lutte acharnée, il le chasse de ses plus riches domaines et le rejette au-delà du Dniester. Avançant toujours, le torrent des Barbares, comme une lave brûlante, renverse tous les obstacles, brise toutes les résistances et ne tarde pas à s'étendre enfin jusqu'au Danube.

L'Ukraine, la Moldavie, la Valachie, étaient alors la proie d'un mélange de Sarmates, de Goths, d'Alains et de Huns, peuples d'origine et de mœurs différentes, souvent en guerre les uns contre les autres, mais toujours d'accord et rivalisant de haine et de fureur contre l'ennemi commun, les Romains.

Plus rapprochés du Danube que leurs rivaux, les Goths engagent les premiers la lutte contre le colosse vieilli qu'ils voyaient chanceler et dont ils avaient conjuré la perte. Vainqueurs des Romains dans la sanglante bataille d'Andrinople, où Valens fut tué, ils appellent les Huns au pillage de l'empire d'Orient. Ceux-ci passent le Danube pour la première fois en 377, quarante ans après la mort de Constantin.

Le grand Théodose les bat et les rejette au-delà de ce fleuve, dont il les force long-temps à respecter la barrière.

Toujours armés et de plus en plus avides de pillage, les Huns, sur l'invitation du traître Ruffin, ministre d'Arcadius, se divisent en deux hordes; l'une franchit le Caucase, envahit, boulverse et ensanglante l'Asie; l'autre, unie aux Goths, aux Sarmates et aux Alains, repasse le Danube sous la conduite d'*Alaric*, se précipite sur la Grèce, qu'elle trouve sans défense, et y exerce d'affreux ravages.

Rejetés encore une fois au-delà du fleuve, mais menaçant toujours de le repasser, les Barbares vendaient aux empereurs, au poids de l'or, des paix honteuses qui n'étaient jamais que des trèves d'une courte durée.

En 433, les Goths après avoir saccagé Rome, après s'être promenés en vainqueurs par toute l'Italie, s'étaient établis dans la Gaule Narbonnaise, du consentement des Romains qui n'avaient pas trouvé d'autres moyens de délivrer la mère-patrie de ce fléau.

A la même époque, Roua, roi des Huns, qui était retourné au-delà du Danube, exemptait l'empire de ses pillages, moyennant un tribut annuel de trois cent cinquante livres d'or, que Théodose II lui payait exactement.

Tel était l'état de l'Europe lorsqu'Attila et Bleda, son frère, succédèrent à leur oncle Roua, dans le commandement de la nation formidable des Huns.

Par suite de la grande migration des Goths, la domination des deux frères embrassait toutes les provinces qui séparent la mer Noire de la Baltique. Bornée à l'ouest par la Vistule et le Danube, elle confinait à l'Orient avec la Scythie, c'est-à-dire, avec un pays sans limites. La capitale de ce vaste empire, si l'on peut donner ce nom au repaire d'où le chef s'élançait pour se repaître de sang et de carnage, et où il venait de temps en temps déposer le fruit de ses meurtres et de ses rapines, était située sur la Theisse, non loin de Tokay, à sept journées de marche au nord du Danube.

Le premier usage que les nouveaux chefs font de leur puissance, est d'exiger que la rançon annuelle payée jusque-là par Théodose, soit portée à 700 livres d'or. L'empereur s'y soumet, et ce redoublement de faiblesse, et si l'on ose dire, de lâcheté, est pour ses ennemis un nouveau motif de redoubler leur arrogance et leur mépris.

Après s'être assurés par ce honteux tribut de la neutralité de Constantinople, les deux frères semblent disparaître pendant quelque temps de la scène du monde; ils s'enfoncent dans les solitudes de l'Asie, et portent de concert la guerre en Orient. Cette guerre dure six ans. Tous les peuples qui habitent le revers septentrional du Thibet sont vaincus, leur pays ravagé. La terreur des Huns pénètre jusqu'en Chine, dont ils s'assurent l'alliance par un traité. C'est dans ces expéditions lointaines qu'Attila, qui en était l'ame et le chef, achève l'apprentissage de la guerre, et qu'il forge les fers dont il doit bientôt menacer l'Europe.

A peine de retour sur le Danube, Attila, sous le plus frivole prétexte, reprend le cours de ses hostilités contre l'empire d'Orient; il pénètre à cinq journées au-delà de ce fleuve, ravage toute la Thrace et ne pose les armes qu'après avoir dicté à l'empereur les conditions d'un traité honteux que des plénipotentiaires respectifs signent à *Ordessus*, sur le Pont-Euxin. Espérant, mais vainement, adoucir l'humeur féroce du barbare, Théodose le revêt du titre de général des armées romaines, titre qu'Alaric, le destructeur de Rome, avait déjà porté quarante ans auparavant. L'empire était tombé à ce dégré d'abaissement, que, ne pouvant plus expulser les barbares de son sein, il les adoptait, et que, renonçant à les vaincre, il les couronnait.

Impatient de régner seul, Attila, à l'exemple de Romulus, se défait de son frère Bleda par un assassinat.

Après une trève de cinq ans, il passe de rechef le Danube, bat tous les généraux qu'on lui oppose, met tout à feu et à sang dans la Mœsie, l'Illyrie, la Macédoine et la Thrace, et paraît devant Constantinople. Andrinople et Héraclée seules lui résistent. L'année suivante il fait encore, mais inutilement, le siége d'Asemonte; cette ville située sur les confins de la Thrace et de l'Illyrie, est sauvée par le courage de ses habitans. L'empereur conclut avec lui un nouveau traité aussi honteux et qui ne sera pas plus respecté que le premier. Ces hostilités n'étaient que le prélude de la guerre d'extermination qu'Attila se disposait dès lors à entreprendre contre l'empire d'Occident.

Ce géant de la barbarie était né pour la guerre, pour cette guerre de meurtres, de rapines et d'incendie dont Rome avait donné le spectacle au monde depuis mille ans. Il avait vécu dès son enfance sur les champs de bataille; le sang était son élément. Son oncle Roua, lié d'une étroite amitié avec *Ætius*, le plus habile des généraux Romains, l'avait envoyé, jeune encore, à la cour de Ravenne; là son esprit fin et délié, son œil observateur avaient démêlé promptement le secret de la puissance des Romains. Accompagnant les troupes dans leurs marches, assistant à leurs évolutions, quelquefois même à leurs combats, il puisait à la meilleure source les leçons de tactique et de discipline militaires dont il était avide et qu'il brûlait déjà de mettre à profit. Avec une taille au-dessous de la médiocre et des traits peu réguliers, il imposait par un air de fierté mâle et une sorte de grandeur sauvage empreinte dans toute sa personne.

Admis familièrement à la cour d'Honorius, où il était traité en quelque sorte comme un otage de haute distinction, une jeune princesse du sang impérial, *Honoria*, ne fut pas insensible à son mérite, et l'on verra bientôt comment il apprit qu'il avait su lui plaire et quel gage il reçut de sa folle passion.

Le génie naturel d'Attila, ses succès, son audace, sa confiance dans ses forces, son habileté dans les conseils, son caractère indomptable, avaient fait de ce barbare, monté sur le trône, l'ennemi le plus redoutable pour la puissance romaine alors sur son déclin. Tous ses traits respiraient la cruauté; il avait la démarche fière, les yeux petits et étincelants, la poitrine large, la tête volumineuse, peu de barbe, le nez écrasé, le teint basané. A l'exemple de Rome, dont il avait adopté les maximes, s'il se montrait inexorable à ceux qui lui résistaient, il se laissait fléchir par la prière et gardait sa foi à ceux qu'il avait reçus sous sa protection. Dans son orgueil bizarre, il s'intitulait fils de Mendizès, issu de la lignée du grand Nemrod, natif d'Engade, par la bonté divine, roi des Huns, des Goths, des Mèdes et des Damiens, la crainte du monde et le fléau de Dieu.

Au moment où il se disposait à porter ses armes en Occident, l'Italie était intacte, mais l'Espagne avait subi le joug de fer des Vandales, et Genseric, leur roi, opprimait l'Afrique. Les Gaules étaient morcelées par les Francs, les Alains, les Bourguignons et les Visigoths que Rome y avait admis successivement à titre d'alliés. La puissance romaine luttait avec des succès variés contre d'autres essaims de Barbares que le Rhin vomissait chaque année dans les Gaules, dont Ætius avait alors le commandement.

Ce guerrier justement célèbre était né en Mœsie, d'une mère Italienne, très-noble et fort riche, et de Gaudence, originaire de Scythie, général de la cavalerie romaine. Il avait fait l'apprentissage de la guerre sous Alaric, près duquel il avait passé encore jeune trois ans en qualité d'otage. Sa femme descendait d'une famille royale des Goths.

A la mort d'Honorius II, en 423, l'usurpateur Jean avait envoyé Ætius chez les Huns pour leur demander des secours contre Théodose II, qui se disposait à l'attaquer. Théodose avait sur l'empire d'Occident un droit qu'il céda bientôt à Valentinien III, son neveu, en lui donnant pour conseil et pour tutrice sa mère Placidie. Ætius, de retour à la tête de 60 mille barbares, livre à Valentinien un combat sanglant et sans résultat décisif, à la suite duquel ayant fait son traité avec Placidie, il renvoie les Huns dans leur pays.

Bientôt il signale son courage dans les Gaules contre Théodoric; mais presqu'au même instant, par ses perfides avis, il pousse Boniface à la révolte et devient ainsi la cause première de l'invasion des Vandales en Afrique. Battu plus tard par Boniface, qui avait reconnu son odieuse fourberie, il se réfugie chez les Huns et revient une seconde fois à leur tête pour ravager l'Italie.

Ce sujet ambitieux et redoutable, qui aspirait déjà à placer sur sa tête ou sur celle de son fils la couronne de l'empire d'Occident, était ainsi tour à tour la ruine et le salut de son pays. Rentré de nouveau en grace et disposant de la puissance souveraine dans les Gaules, il force Théodoric à lever le siége de Narbonne, marche ensuite contre les Francs conduits par Clodion, les bat près de Lens, puis leur abandonne, par un traité, la souveraineté du pays qu'ils venaient de conquérir. Il fait plus, il adopte le plus jeune des frères de Clodion, Mérovée, qu'il envoie en otage près de l'empereur Valentinien à Ravenne.

Prêt à tous les événements, il entretenait avec Attila une correspondance secrette et probablement criminelle, et il avait poussé la prévoyance jusqu'à placer près de lui un gaulois, nommé Constance, pour lui servir de secrétaire et d'interprète.

Du reste, né avec un tempérament vigoureux, adroit à tous les exercices, actif avec circonspection, aussi habile négociateur que grand capitaine, ennemi de tout gain sordide, à l'épreuve des injures, aimant le travail, intrépide dans les dangers, souffrant gaîment la faim, la soif et les veilles, il réunissait toutes les qualités qui font les héros. Les Gaules fleurirent sous son gouvernement; on le vit pendant 25 ans signaler le souverain pouvoir dont il était revêtu, par la sagesse et la douceur de ses lois; par ses soins les Barbares furent repoussés, ou admis, à titre d'alliés, à former en deçà du Rhin des établissements réguliers.

La démarche inconsidérée d'Honoria fut le prétexte dont Attila se servit pour couvrir son injuste agression. Cette jeune princesse, dont il s'était fait remarquer, comme on l'a vu, pendant son séjour à la cour de Ravenne, poussée par son aveugle passion, l'avait fait inviter secrètement à demander sa main et lui avait remis son anneau comme gage de sa foi. Cette folle et coupable intrigue ayant été découverte, Attila s'était enfui précipitamment de Ravenne, et Honoria avait été exilée en Orient. Elle y vivait depuis vingt ans dans l'oubli, lorsqu'Attila, parvenu à la souveraine puissance, et qui avait d'ailleurs à se venger d'une tentative récente d'empoisonnement ordonnée contre lui, songea à réclamer l'effet de sa promesse et la fit demander à Théodose par ses ambassadeurs. Le refus outrageant auquel il s'attendait, fut le signal de la guerre à mort qu'il déclara à l'instant même à l'empire romain. Il s'y préparait depuis six ans. L'armée qu'il rassembla était la plus nombreuse, la plus aguerrie et la mieux commandée qui eût jamais menacé la puissance romaine en Occident. Tous les peuples alliés ou soumis à la domination des Huns, avaient fourni leur contingent et armé l'élite de leur jeunesse. Au premier rang, parmi ces peuples, figuraient, pour le nombre et pour la bravoure, les Ostrogoths, commandés par trois frères, fils de rois, Valamir, Théodemir, Widemir. Le célèbre Ardaric marchait à la tête de la cavalerie Slave et des légions innombrables des Gépides.

Profitant de la mort de Théodose et de Placidie, Attila se met en marche des bords de la Drave et du Danube, au printemps de l'an 450, à la tête de quatre cent mille hommes. Les Gaules étaient le véritable but de son expédition; mais, afin de ne pas troubler leur sécurité, il feint de n'avoir en vue que la soumission complète de la Pannonie, et fait répandre partout le bruit qu'après s'être assuré de la fidélité de cette province, il se propose de parcourir la Germanie tout entière, afin de conclure de gré ou de force des traités d'alliance avec tous les peuples qui l'habitent; après quoi il est résolu à s'y établir définitivement, le Rhin étant une barrière naturelle qu'il veut toujours respecter.

Remontant le Danube, il pousse ses colonnes dans la Bavière, dans la Souabe et dans la Franconie, réduisant toutes les places fortes qui refusent de le reconnaître, y laissant des garnisons et organisant partout les moyens de contenir les habitants et de lever des subsides sur tout le pays. Une première campagne est employée à ces différents travaux. Aux approches de l'hiver, ses cantonnements occupaient sur le Mein, le Necker et le haut Danube, à cinq marches de distance du Rhin, une ligne de soixante-dix lieues d'étendue, et, afin de ne pas jeter l'alarme dans les Gaules, il avait établi son quartier-général à Ratisbonne.

Attila, pour remplacer les garnisons qu'il est obligé de laisser sur le Danube, emploie tout l'hiver à grossir ses rangs des nombreux ennemis que le nom romain avait encore au-delà du Rhin. Malgré le torrent de Suèves, d'Alains, de Vandales, de Saxons, d'Allemands, de Bourguignons, que l'année 406 avait vomi sur les Gaules; malgré la grande irruption des Bructères, des Chamaves, des Cattes, des Enchivariens et des Saliens, qui s'y étaient établis en 420, sous la conduite de Pharamond; malgré les émigrations armées qui, chaque année, venaient grossir en deçà du Rhin, depuis un demi-siècle, les vengeurs de la Germanie, si long-temps et si cruellement décimée par les généraux romains; cette contrée, telle qu'une pépinière inépuisable, ne cessait d'enfanter de nouveaux guerriers, toujours prêts à s'élancer, soit pour conquérir, sous un climat plus doux, une existence moins misérable, soit pour assouvir sur des peuples ennemis, la haine héréditaire que les crimes de Rome avaient allumée dans leur sein.

Ayant réparé et au delà les pertes de sa première campagne, et les vides de ses garnisons, maître de l'Allemagne, et comptant sur l'appui de cette facile conquête, Attila, après d'immenses préparatifs, se trouve enfin, au printemps de 451, en mesure de frapper un grand coup. Plus confiant que jamais dans ses forces, il n'hésite plus à marcher droit au but qui absorbait toutes ses veilles depuis dix ans, la ruine de l'empire d'Occident.

Genseric, qui n'aspirait désormais qu'à jouir paisiblement de ses conquêtes, et qui craignait l'ambition et le ressentiment de Théodoric, dont il avait renvoyé ignominieusement la fille, après avoir long-temps sollicité sa main, excitait secrètement Attila à venir l'attaquer; d'un autre côté, le fils aîné de Clodion, Clodomir, qui s'était réfugié dans son camp pour se soustraire à une mort violente, le pressait également de passer le Rhin, espérant, par son secours, remonter sur un trône auquel sa naissance lui donnait des droits, que son oncle et son tuteur, Mérovée, avait usurpés.

Après s'être procuré des informations précises sur la situation des forces romaines et alliées, ainsi que sur la disposition des esprits dans les Gaules, Attila, au moment de lever le masque, cherche encore à endormir Valentinien, en lui insinuant qu'il n'en veut qu'à Théodoric; et en même temps il annonce à celui-ci qu'il ne s'avance que pour l'affranchir de la tyrannie des Romains.

Cependant Attila, à la veille de franchir le Rhin, délibère sur le choix du passage qu'il doit adopter; ce choix est d'une haute importance pour le succès de l'expédition; plusieurs s'offrent à lui; maître de ses mouvements, il pèse les avantages et les inconvénients de chaque direction.

Les Gaules qu'il va conquérir ne sont plus comme au temps de Julien et de Constantin, réunies en un seul faisceau dans la main puissante des Romains. Envahies au nord, à l'est et au midi, le moment approche où cette riche proie sera devenue tout entière le partage des peuples que Rome admet dans son alliance, et qui travaillent de concert depuis un siècle à s'enrichir de ses dépouilles. Les Allemands se sont rendus maîtres du cours du Rhin depuis Bâle jusqu'à Mayence, et toute la Germanie supérieure leur appartient; les Francs établis depuis trente ans dans la Germanie inférieure, viennent de pousser leurs avant-postes jusque sur la Somme, réunissant ainsi à cette vaste province la moitié de la seconde Belgique; l'Helvétie, la Grande-Sequanoise, partie de la première Lyonnaise, sont le partage des Bourguignons; les Alains occupent le pays des Armoriques, et les Visigoths, établis au pied des Pyrénées, règnent paisiblement sur les plus belles et les plus fertiles provinces du Midi.

Il est de l'intérêt d'Attila de ménager ces différents peuples publiquement alliés, mais secrètement ennemis des Romains, et toujours prêts à prendre leur part de nouveaux démembrements. Ses premiers coups doivent donc frapper sur les provinces restées fidèles à l'empire. La première et la seconde Belgiques, la Senonaise lui tracent le chemin qu'il doit suivre jusqu'à la Loire, car il prévoit déjà que c'est sur ce fleuve que les coups décisifs devront être portés.

Les montagnes couvertes d'épaisses forêts qui longent les deux rives du Rhin et qui en défendent l'approche depuis Bâle jusqu'à Coblentz, ne lui laissent le choix du passage qu'entre ces deux villes, et il reconnaît d'abord qu'il s'agit de pénétrer dans les Gaules par Trèves ou par Béfort. La Franconie offrant beaucoup plus de ressources que les environs de Constance aux cantonnements d'une nombreuse armée et plus de facilité pour préparer des moyens d'invasion, on a vu qu'Attila y avait pris ses quartiers d'hiver, et attendait au sein de l'abondance l'arrivée du printemps; c'était déjà un motif pour tenter, à l'exemple des Vandales, le passage plutôt à l'embouchure du Mein et du Necker qu'au débouché des montagnes stériles de l'Helvétie, dont il savait d'ailleurs que l'approche était défendue par les Bourguignons; d'un autre côté, le fertile bassin de la Moselle, Trèves, ville puissante, capitale d'une province, mais dépourvue de garnison, lui promettaient une plus riche proie et offraient moins d'obstacles à vaincre que les défilés des *Vosges* et du *Hundsruck;* car une fois le Rhin franchi, il fallait s'avancer rapidement jusqu'au cœur du pays, frapper l'ennemi de stupeur et ne pas lui laisser le temps de se reconnaître, encore moins de rassembler toutes ses forces : c'est donc sur ce point que le passage est résolu[1].

Possesseurs paisibles depuis un demi-siècle de l'Helvétie et des deux Bourgognes, craignant pour leur conquête et devinant mal les projets d'Attila, les Bourguignons s'étaient préparés à repousser l'attaque dont ils se croyaient menacés. Ce peuple brave et aguerri, d'origine Vandale, mais ayant long-temps habité la vallée du Mein avant de s'établir dans les Gaules, savait, par les relations qu'il entretenait dans la Germanie, que les Huns se recrutaient, et que les dispositions d'Attila annonçaient d'autres desseins que ceux dont il avait fait répandre le bruit. Sachant par leur propre expérience que Bâle était le lieu le plus commode et le plus sûr pour effectuer le passage du fleuve, ils résolurent d'empêche

Attila de suivre leur exemple, ou, s'il l'emportait, de mettre tout en œuvre pour garantir leur pays de ses déprédations.

Attila, qui n'ignorait pas leurs desseins, avait l'œil ouvert sur tous leurs mouvements. Il était loin de sa pensée de s'engager avec son immense cavalerie dans les défilés des Vosges et du Jura, de s'enfoncer à la tête d'une armée aussi nombreuse au milieu des solitudes arrosées par le cours supérieur du Doubs, de la Meuse, de la Moselle et de la Marne, pays pauvre, coupé, hérissé d'obstacles, où la faim et les fatigues l'auraient vaincu sans combat, tandis que le bassin inférieur de la Moselle lui offrait toutes les ressources imaginables et le conduisait au centre des deux Belgiques sans coup férir et sans lui imposer pour ainsi dire aucune privation. Cependant, afin de ne rien donner au hasard, au moment de se porter en avant, il détache de son armée un corps d'observation de 56 mille hommes, qui a ordre de remonter le Danube et de marcher sur Bâle afin de contenir ou de battre les Bourguignons, s'ils se présentent, aussitôt que l'armée principale aura passé le Rhin; il confie le commandement de ce corps à Théodemir, l'un de ses plus braves généraux.

Ces dispositions faites, Attila lève ses cantonnements. Il s'élance avec la rapidité de l'éclair et paraît sur la rive droite du Rhin, entre Bonn et Coblentz, à la tête de 350 mille hommes, dans les derniers jours du mois de mars 451. [Pl. 1re.]

Ses coureurs s'emparent de tous les passages, saisissent toutes les barques et les rassemblent pour transporter en masse l'armée sur la rive gauche du Rhin.

Plusieurs jours sont employés à cette opération; aucune démonstration hostile ne l'interrompt, aucun accident ne la ralentit. En six jours toute l'armée a franchi cette barrière, elle déborde comme un torrent. Coblentz qui n'avait qu'une faible garnison, Trèves qui en était totalement dépourvue, sont occupées sans résistance. Des colonnes d'éclaireurs s'avancent dans toutes les directions. Attila se porte de sa personne avec le centre sur Metz, que les habitans refusent de lui livrer, et dont il forme aussitôt l'investissement.

Après deux jours de sommations inutiles, Attila ordonne l'assaut; la ville est emportée la veille de Pâques, le 16 avril 451; tous les habitans sont passés au fil de l'épée, un affreux incendie la dévore, le fer démolit ce que la flamme a épargné, rien ne trouve grace auprès d'un vainqueur irrité.

Pendant ce temps, le corps d'observation du Haut-Rhin s'empare de Bâle et de Colmar, que les Bourguignons avaient vainement essayé de défendre. Il les bat, les poursuit jusqu'au delà de Béfort, et les force à rentrer dans leurs limites. Les Bourguignons s'éloignent, mais pour reparaître plus tard à côté d'Ætius et contribuer à la défaite d'Attila.

Après s'être assuré qu'ils ne pouvaient plus l'inquiéter dans sa marche, Théodemir renonce à leur poursuite. Les Huns aussitôt se répandent dans toute l'Alsace; Théodemir, qui s'était menagé des intelligences parmi les Allemands, en reçoit des secours en vivres, en munitions et en argent : il occupe Strasbourg et Saverne de leur consentement, et se met aussitôt en communication avec Attila, dont il reçoit de nouvelles instructions.

Après la prise de Metz et un repos de quelques jours, la grande armée se partage en trois colonnes. Celle de droite, guidée par Andagèse, se porte par *Mosomague*, sur l'Aisne, ayant son rendez-vous non loin des murs de Reims, dans les plaines de la Champagne. Celle de gauche, sous le commandement de Wolomir, est destinée à compléter la soumission de la première Belgique; elle remonte la Moselle jusqu'à Toul, s'empare de cette ville, qui ouvre ses portes à la première sommation, et pousse des reconnaissances jusqu'aux sources de la Meuse et au pied des Vosges, au-delà d'Épinal et de Neufchâteau. Elle s'avance de Toul sur *Nasium* [2], ville importante située sur l'Ornain, à deux lieues au-dessus de Ligny. Un accident cause la ruine de cette malheureuse ville. Sans garnison, sans remparts, les habitants avaient député au-devant du vainqueur pour se mettre sous sa protection; la ville était paisiblement occupée depuis 24 heures, lorsqu'un habitant, exaspéré par la brutalité d'un soldat ivre, pour venger son honneur outragé, a recours à la force et le tue; ce fut le signal d'un massacre général; un violent incendie consomme la ruine entière de la ville qui est restée jusqu'à ce jour ensevelie sous ses débris. De là cette colonne descend l'Ornain, passe à *Caturigas* et s'avance vers Reims, où Attila lui avait également donné rendez-vous.

La colonne du centre, commandée par Attila en personne, se porte de Metz sur Verdun. Cette ville, qui défendait le passage de la Meuse, refuse pendant quelques jours de se soumettre au vainqueur. Elle aurait éprouvé le sort de Metz, si, reconnaissant l'inutilité d'une plus longue résistance, les habitants ne se fussent rendus à discrétion. L'armée, après avoir pris quelques jours de repos sur la Meuse, s'enfonce dans les défilés de l'Argonne, les franchit sans obstacle et débouche du 10 au 12 mai dans les plaines de la Champagne. Attila, qui y avait été prévenu par Andagèse, campe, en attendant l'arrivée de Wolomir, sur l'Aisne et sur la Suippe. Aussitôt que ce chef l'a rejoint, et avant de marcher sur Reims, il concentre toutes ses forces dans la plaine de *Mauriac*, entre la Vesle et la Suippe, à la jonction des routes de Toul et de Verdun, et en passe une revue générale.

Dans cette revue, son œil exercé est frappé de la beauté de cette plaine immense dont il essaie en vain de mesurer l'étendue; il admire la facilité que sa nombreuse cavalerie y trouve pour manœuvrer. Il pense en lui-même que si jamais une grande bataille devenait nécessaire, nulle autre position ne serait plus favorable pour déployer toutes ses forces, pour faire mouvoir son immense armée et pour lui assurer une éclatante victoire sur son ennemi.

Cette revue dure plusieurs jours; tandis qu'Attila en est occupé, les habitans de Châlons [3] s'empressent de lui envoyer une députation ayant à sa tête leur évêque, Saint-Alpin. Ils obtiennent que la ville sera respectée: mais elle est obligée de recevoir garnison, et ses magistrats s'engagent à fournir des vivres, des munitions e des effets d'habillements à l'armée, dont la plus grande partie doit, dès ce moment, tirer ses subsistances des bords de la Marne.

Prise au dépourvu, et reconnaissant l'impossibilité de résister à cette nuée de barbares, Reims, qui se souvenait d'avoir été saccagée, quarante-trois ans auparavant, par les Vandales, et qui sortait à peine de ses ruines, ouvre ses portes à la première sommation, et subit sans coup férir la loi du vainqueur. Attila y fait son entrée solennelle le 15 mai, à la tête de deux cent mille hommes.

De là, il envoie l'ordre au corps d'observation de l'Alsace de marcher sur Metz et de se tenir en mesure de venir le rejoindre sur la Marne au premier signal. Toutes les villes fermées de la Meuse, de la Marne et de l'Aisne reçoivent garnison. Le corps d'Andagèse, fort de quarante mille hommes, se porte sur l'Aisne, avec ordre d'observer les mouvements des Francs, qui commençaient à s'agiter. Le gros de l'armée campe sur la Vesle et sur la Marne, tandis que des corps d'élite préposés à la garde d'Attila, veillent sur sa personne et remplissent les différents quartiers de la ville.

L'expédition avait été préparée avec tant de secret, les mouvements d'Attila avaient été si rapides, si imprévus et si bien combinés, que, depuis le Rhin jusqu'à la Marne, sa marche n'avait été qu'une promenade militaire, arrêtée seulement quelques instants par les efforts inutiles des Messins. Ætius semble oublier les peuples dont la défense lui est confiée, une terreur générale s'empare de tous les esprits; c'en est fait de la Gaule, s'il ne se hâte d'opposer une digue à ce torrent.

Maître de la première Belgique, et ayant son quartier-général dans la capitale de la seconde, dont il fait sa place d'armes, et le point de départ des nouvelles opérations qu'il va bientôt entreprendre, Attila délibère s'il achevera d'abord la conquête de celle-ci, en passant l'Aisne et s'avançant vers le nord, pour combattre Mérovée, comme Clodomir ne cessait de l'y exciter; ou si, poussant à l'ouest et prévenant Ætius, il se rendra, sans plus tarder, maître des passages de la Loire, au-delà de laquelle se trouvaient ses plus redoutables ennemis. Persuadé qu'il lui serait toujours facile de détourner les Francs de la pensée de l'attaquer, si lui-même ne les inquiétait pas dans les limites qu'une convention récente leur avait imposées, et qu'ils paraissaient disposés à respecter; sentant d'ailleurs que le succès de l'invasion était principalement attaché au passage de la Loire, dont chaque jour de retard augmentait les difficultés, il se décide pour ce dernier parti.

Laissant à Reims une forte garnison, sur l'Aisne le corps d'observation d'Andagèse, et quelques détachements sur la Marne, son armée s'ébranle et passe la Marne sur trois points le 1er juin, savoir: l'aîle droite à la Ferté-sous-Jouarre, l'aîle gauche à Châlons, le centre à Damery [5]. Elle se porte rapidement sur l'Aube et sur la Seine, dont elle occupe tous les passages, depuis Méry jusqu'à Montereau. Elle arrive sur la Seine, harassée par la difficulté des chemins et par la rareté des subsistances, et elle y prend position. Attila fait halte de sa personne entre Pont et Méry. Il accorde à l'armée quatre jours pour se refaire de ses fatigues, et pour renouveler ses approvisionnements. Pendant ce temps, sa cavalerie inonde le Senonais et pousse des partis jusqu'aux portes de Lutèce [6] qui, à leur approche, tombe dans la consternation ; mais ces partis n'ayant pas ordre de pénétrer dans cette grande ville, se retirent dans une autre direction.

Un détachement qui avait suivi la route d'Arcis, se présente le premier devant Troyes [7]; il se disposait à employer la force, lorsque les habitants convaincus par l'exemple de Reims et de Châlons que toute résistance était inutile, ouvrent leurs portes et implorent la clémence du vainqueur. Le chef de ce détachement respectant mal ses promesses, accable les habitants de mauvais traitements. Sept clercs, ayant à leur tête le diacre Mémorius, députés par Saint-Loup, évêque de Troyes, à Attila, se présentent devant lui, portant le livre des saints évangiles, et précédés par la croix. Ils lui annoncent la soumission de la ville et se plaignent des vexations qu'elle vient d'essuyer de la part de ses soldats. Attila les accueille d'abord favorablement; mais, en ce moment, le cheval d'un de ses généraux, effrayé de l'appareil de cette scène extraordinaire, s'étant emporté et ayant jeté par terre son cavalier, Attila s'écrie que ce sont des magiciens, et les fait massacrer impitoyablement. Un seul s'échappe et porte à Saint-Loup la nouvelle de ce tragique événement. Revenu de son aveugle colère, Attila ordonne que la ville soit épargnée et s'y transporte lui-même aux instantes prières de ses magistrats. Dans l'audience qu'il accorde à une députation au nom de laquelle Saint-Loup portait la parole, il est surtout frappé de l'air de dignité et de grandeur du saint prélat. Le calme et la sagesse de ses réponses achèvent de le subjuguer; dès ce moment il conçoit pour lui une estime profonde et une véritable affection; toutes ses demandes lui sont accordées, il prend le clergé sous sa protection.

De même qu'il avait fait contenir les Francs par le corps d'observation de l'Aisne, Attila songe à prévenir par un moyen semblable, les démonstrations hostiles que les Bourguignons pourraient former sur son flanc gauche, tandis qu'il s'avancera vers Orléans. Il détache en conséquence, sous le commandement de Wolomir, un second corps d'observation qui a ordre d'éclairer la haute Seine, l'Yonne et tous les débouchés de la Bourgogne sur le Senonais. Ce corps s'empare de Bar-sur-Seine, de Pont-sur-Yonne et d'Auxerre, où il prend position. En même temps Attila fait avancer le corps de Théodomir, qui était resté sur la Moselle, et le place en réserve sur la Marne pour assurer ses communications.

Ces dispositions faites, Attila lève son camp de Pont-sur-Seine le 12 juin, passe l'Yonne à Sens et à Pont-sur-Yonne, le Loing à Nemours et à Montargis, et arrive presque sans coup-férir, le 24 juin, à la tête de cent cinquante mille hommes, devant Orléans.

La première nouvelle de l'invasion d'Attila fut portée à Arles, où Ætius avait sa résidence, par un envoyé des

Bourguignons. Calculant de suite le temps qui lui est nécessaire pour rassembler une armée capable de repousser les barbares, Ætius prévoit que leur marche ne peut être arrêtée que sur la Loire, où ils devront arriver dans les derniers jours de juin. Il ordonne de fortifier en grande hâte les principaux passages de ce fleuve et concentre toute son attention sur Orléans. Il fait augmenter les moyens de défense de cette grande ville, la remplit d'armes, de munitions et de subsistances, et donne ordre à la 8e légion, toute composée de Gaulois, de s'y renfermer. La défense de cette place importante, la clef de la Loire, est confiée à Sangiban, qui s'y renferme lui-même à la tête de dix mille Alains. Sangiban a l'ordre de prolonger jour à jour la défense de la ville et de tenir ferme jusqu'à ce qu'Ætius arrive pour la délivrer. Ces ordres s'exécutaient encore lorsqu'Attila parut à la vue des habitants consternés.

Ætius ne perd pas de temps, tous les moments sont comptés, des courriers volent dans toutes les directions. Les Francs ont ordre de se tenir prêts et d'attendre, sous les armes, le moment de marcher pour former l'aîle gauche de l'armée combinée; les Bourguignons formeront la droite; Théodoric et Ætius le centre. Théodoric part de Toulouse à la tête de soixante mille hommes, le 15 juillet; il s'avance à marches forcées par Cahors, Périgueux et Poitiers, ayant pour instruction de passer la Loire à Tours, et de remonter par la rive droite de ce fleuve, jusqu'à la hauteur d'Orléans, tandis qu'Ætius remontera lui-même le Rhône, ralliant à lui toutes les troupes régulières et toutes les milices des

Gaulois et des alliés; si rien ne les arrête, ils doivent arriver l'un et l'autre au plus tard le 12 août devant Orléans.

Cette ville était, comme on vient de le dire, la clef de la Loire. Une double muraille garnie de tours, des fossés profonds, des palissades, des chausses-trappes l'enveloppaient en forme de demi-cercle du côté de la campagne, et en défendaient l'approche à l'assiégeant. Un pont en bois entretenait sa communication avec la rive gauche du fleuve d'où elle tirait ses subsistances.

Sangiban fait sortir de la ville toutes les bouches inutiles. Les habitants s'arment pour la défense de leurs foyers, et rivalisent de constance et d'ardeur avec les troupes les plus braves. *St-Aignan*, leur évêque, leur donne l'exemple du dévouement; sa présence, ses secours, ses pieuses exhortations enflamment leur courage : ils s'enseveliront tous sous les ruines de la ville, plutôt que de consentir à sa reddition.

Les sommations d'Attila sont repoussées avec mépris; l'investissement commencé le 25 juin, se transforme aussitôt en un siége régulier. Une tranchée profonde met les assiégeants à l'abri des projectiles de toute espèce que leur lancent sans relâche les assiégés; au dedans comme au dehors, toutes les ressources de l'art de l'attaque et de la défense des places sont mises en usage: tout présage un siége long et meurtrier. Les béliers, les balistes, les tours mobiles, les poutres armées de fer, les ponts volants, les dards enflammés, les machines incendiaires se multiplient dans les lignes d'Attila, s'avancent à travers les fossés, s'approchent des remparts, et portent le ravage et la mort parmi les assiégés. Ceux-ci travaillent nuit et jour à augmenter leurs moyens de résistance; des sorties multipliées ralentissent les progrès du siége, la flamme consume les tours que le choc des projectiles n'a pas brisées et renversées.

Un mois s'était écoulé dans ces rudes travaux, l'attaque faisait chaque jour de nouveaux progrès; les secours promis par Ætius étaient loin encore, la ville pouvait succomber avant leur arrivée. Saint-Aignan, inquiet de ce retard, se rend en toute hâte près d'Ætius et de Théodoric; il les conjure, il les presse de faire diligence, leur représente l'état désespéré de la défense, que dans quelques jours il sera trop tard peut-être pour sauver la ville d'une entière destruction. L'absence de Saint-Aignan avait duré douze jours; à son retour, il trouve les bras fatigués, les munitions épuisées, les courages chancelants et abattus. Le nombre des combattants ne suffisait plus pour repousser les assauts qu'Attila furieux multipliait la nuit comme le jour avec une incroyable vivacité; déjà quelques-uns parlaient de capituler. Sangiban feint de se prêter à leurs désirs, et, pour gagner du temps, entame des négociations avec Attila; quelques jours suffisaient pour tout sauver. Déjà on réglait les conditions de la capitulation, des otages étaient échangés; la ville allait ouvrir ses portes, du moins Attila s'en flattait, lorsque parut enfin au loin, à l'horizon, le secours si long-temps et si vivement désiré. A cette vue, Sangiban rompt les négociations, Orléans se rassure et ne doute plus de son salut.

Rien n'égale la rapidité des manœuvres d'Ætius. Attila, attaqué à l'improviste dans ses lignes, fait volte-face et se trouve tout-à-coup aux prises avec cent mille Romains, Gaulois, et Visigoths. En même temps les assiégés ranimant leur courage, font une sortie générale sur ses derrières; les Huns sont obligés de faire face de tous côtés; on se bat partout avec le plus grand acharnement. Cette bataille meurtrière d'Orléans [8], qui dura deux jours, est livrée le 13 août après quarante-neuf jours d'investissement. Enfin Attila se voit forcé à la retraite; son armée affaiblie de plus de cinquante mille hommes, tant par les travaux du siége que par le combat qui vient de le terminer, n'est pas en état de se mesurer une seconde fois contre Ætius. Il se hâte donc de se rapprocher de ses renforts; tous ses corps détachés ont ordre de se concentrer dans les champs Catalauniens; il prévoit déjà que s'il n'a pas le temps de se couvrir par les défilés de l'Argonne, le sort de la campagne devra se décider sur la Marne, et il combine tous ses mouvements sur ce plan. Il se retire cependant en bon ordre; toujours placé à l'arrière-garde, il sait se faire respecter de son ennemi, et plus d'une fois les alliés, en le talonnant de trop près, ont à se repentir de leur témérité.

Des Pyrénées jusqu'au Rhin, de l'Océan jusqu'au Jura, tout s'ébranle pour l'envelopper; Ætius est l'âme de ce vaste mouvement. Les Francs réunis aux Saxons, aux Belges et aux garnisons des places de la seconde Belgique, se concentrent sur l'Aisne et sur la Seine, occupant

Paris, Laon et Soissons, et se tiennent prêts à marcher sur Reims au premier signal. Dans cette position, ils menacent la retraite d'Attila, et, en tombant sur son flanc gauche, ils doivent contribuer puissamment à sa défaite.

Après le mauvais succès de leurs efforts pour sauver l'Alsace, les Bourguignons s'étaient rapprochés de Besançon et de Dijon. Leurs cadres s'y étaient remplis par de nouvelles levées et ils n'attendaient qu'un ordre pour concerter leurs mouvements avec ceux d'Ætius. Ils s'étaient concentrés peu à peu vers les sources de la Seine, de l'Armançon et de l'Yonne, impatients de marcher sur Troyes et sur Auxerre, et de tomber sur le flanc droit d'Attila, pour accélérer sa retraite ou pour l'intercepter.

Toutes les populations d'au-delà de la Loire accourent en foule sous l'étendart des Romains et des Visigoths. Trompé par de faux rapports, Ætius suspectait la fidélité de Sangiban; ses pourparlers avec Attila, qui avaient si heureusement sauvé la ville, étaient attribués par les ennemis de ce brave guerrier, à la lâcheté et à la trahison. Ætius, en doutant de l'honneur de Sangiban, allait peut-être se priver de son habileté et de son courage; cependant il l'encadre dans son armée avec les débris de la garnison d'Orléans; mais, par une défiance indigne de l'un et de l'autre, il tient sans cesse l'œil ouvert sur tous ses mouvements.

Aussitôt qu'Attila est en pleine retraite, Ætius se met en communication par sa gauche avec Mérovée, et, quelques jours plus tard, par sa droite avec Gondebauld, l'un des fils de Gondicaire, qui commandait les Bourguignons. La 17e légion qui tenait garnison à Lutèce, appuyée par dix mille Bellovaques, se porte à marches forcées sur Pont dont elle a ordre de s'emparer. Harcelé, poursuivi sans relâche et déjà débordé, Attila voulait se couvrir par la Seine et par la Marne, avant de s'arrêter et de prendre position.

Mais Ætius, par une marche de flanc, arrive en même temps que lui à Pont. Le détachement de Gépides qui était chargé de garder cette importante position [Pl. 5.], après une opiniâtre résistance, avait été battu par la 17e légion, et Attila se trouve dans l'impossibilité d'effectuer le passage de la Seine sur ce point. Obligé de remonter plus loin, il se porte sur Méry 9, où le corps d'observation de la haute Seine s'était concentré. Il fallait défiler en présence d'un ennemi victorieux. L'armée, outre les chariots, les bagages et les machines de guerre, traînait à sa suite un butin immense qu'elle ne voulait pas abandonner : c'était le moment le plus critique de la retraite; Attila y court les plus grands dangers. Les troupes fraîches du corps de Wolomir, réunies aux garnisons de Troyes et d'Arcis, se rangent en bataille près des Granges, entre Ocey et Romilly, et se dévouent pour donner le temps au reste de l'armée de défiler. Un combat furieux s'engage sur ces hauteurs; il se renouvelle deux jours de suite. Plusieurs fois enfoncé, Attila revient toujours à la charge, la nuit seule interrompt le carnage et met fin au combat. Le matin du troisième jour, les blessés, les chariots, une partie du butin étaient abandonnés sur la rive gauche de la Seine. Tous les postes des Huns étaient repliés, les ponts étaient rompus, et la rivière séparait Attila de son ennemi; la perte des deux côtés dépassait trente mille hommes.

Saint-Loup, devenu suspect aux alliés et même à ses ouailles, par la bienveillance qu'Attila ne cesse de lui témoigner, croit devoir s'éloigner momentanément de son siége, et se retire sous la protection des Huns près de Saint-Alpin, à Châlons, pour y attendre la fin des événements.

Si la marche des Bourguignons n'eut pas été retardée de quelques jours au passage de l'Yonne, ils seraient arrivés sur la Seine avant Attila, et leur concours pouvait amener un résultat décisif et terminer la guerre d'un seul coup dans les champs de Méry.

Couvert par la Seine et par l'Aube, ayant un passage assuré sur la Marne à Châlons où Théodemir l'attendait avec une réserve nombreuse et en bon état, Attila tourne désormais toutes ses pensées vers la grande bataille qu'il est résolu de livrer à son ennemi. Le corps d'observation de l'Aisne, la garnison de Reims, tous les détachements qu'il a laissés sur ses derrières en se portant vers Orléans, viennent le rejoindre dans les champs Catalauniens. Rentré à Châlons le 28 août, il se trouvait dès le 1er septembre, à la tête de plus de deux cent mille combattants. Campé dans la plaine de Mauriac, ses flancs couverts par la Vesle et par la Suippe, ayant derrière lui les deux routes de Toul et de Verdun, et plusieurs jours d'avance sur Ætius, il se voit dans la position la plus favorable pour l'attendre et pour lui présenter la bataille. Il s'y prépare avec la plus grande activité.

Cette position lui était connue, c'était pour la seconde fois que son armée allait l'occuper; mais, quoique parfaitement choisie, il veut encore ajouter à ses avantages naturels par toutes les ressources que l'art de la guerre et une longue expérience peuvent lui suggérer.

Depuis quinze jours son armée s'était affaiblie de plus de quarante mille hommes. Harassée, manquant de tout, démoralisée par des marches qui ressemblaient plutôt à une fuite qu'à une retraite, il sent que pour combattre avec avantage un ennemi peut-être supérieur en nombre et enflé par quelques succès, deux choses sont nécessaires : la première, fortifier sa position, afin de retremper le moral de ses soldats; la seconde, leur accorder quelques jours de repos pour rétablir leurs forces épuisées. Des retranchements rétabliront l'équilibre entre les deux masses belligérantes, et rendront aux siens l'assurance qui les a presque abandonnés; des vivres abondants leur feront oublier les longues privations auxquelles ils viennent d'échapper, et rassurés sur leurs périls passés, ils iront gaiement au-devant des nouveaux hasards qui leur restent à courir.

La ligne de bataille doit occuper un espace d'environ cinq mille toises mesurées en ligne droite, depuis la Suippe jusqu'à la Noblette. [Pl. 2.] Les extrémités de cette ligne sont déjà couvertes par ces deux petites rivières, et ce double point d'appui rassure Attila sur les attaques de flancs qu'il aurait à redouter; mais cela ne lui suffit pas, l'art va encore ajouter à ces moyens naturels de défense par deux grandes redoutes et par des inondations.

La redoute de gauche 1° est comme un vaste camp retranché pouvant contenir une garnison de huit à dix mille hommes. Cette redoute s'appuie, à l'ouest, à la Noblette, qui en forme, de ce côté, l'avant-fossé; sa forme est celle d'un cercle applati, de trois cents toises de diamètre; un fossé de quatre-vingts pieds de largeur et de vingt pieds de profondeur, dont les terres sont amoncelées en forme de parapets, complète, du côté de la campagne, son investissement. Trois issues sont ménagées à travers le fossé; l'une à l'est, est destinée à maintenir la communication avec Mauriac, où est le quartier-général de l'armée; l'autre, à l'ouest, facilitera les sorties et assurera la défense des inondations; la troisième, au nord, servira à lier la garnison du camp avec le corps de bataille, et leur garantira une mutuelle protection; enfin une quatrième issue, donnant sur la Noblette, servira aux besoins de la garnison. Une digue jetée à travers la Noblette, à l'extrémité nord de cet ouvrage, soulève ce ruisseau à six pieds au-dessus de son niveau ordinaire, et tend une inondation de cent pas de largeur en avant de l'enceinte du camp. Un cavalier, muni de nombreuses machines de guerre, bat au loin ses approches ainsi que celles de la digue dont il assure la conservation. C'est dans cette enceinte, regardée comme inexpugnable, qu'Attila rassemble les prêtres et les devins, les femmes, les otages, les prisonniers, les équipages, les munitions, le butin, les objets précieux, l'immense attirail, en un mot, qui accompagne toujours une armée aussi nombreuse que bien organisée.

Tel est le camp retranché de Mauriac. La redoute de droite, nommée redoute de Nantivet [11], moins vaste que celle de Mauriac, présente également une forme circulaire applatie d'environ cent toises de diamètre. Elle est protégée, au nord-est, par un double fossé, dans l'un desquels coule la Suippe. La profondeur et l'escarpement de ce fossé rendent l'approche de la redoute très-difficile du côté de la campagne; son enceinte est couverte, au nord, par un marais. Cette place d'armes est destinée à recevoir trois mille hommes de garnison.

Non content de flanquer ses deux ailes par ces formidables ouvrages, Attila, prévoyant le cas où son centre serait forcé de plier et de rétrograder, lui prépare derrière la Noblette une seconde position, à l'abri de laquelle il pourra reformer ses rangs et rétablir la chance du combat.

La Noblette, dont la source correspond à-peu-près au centre de la ligne de bataille, mais à trois mille toises en arrière, coule au-dessus de Mauriac dans une direction peu divergente avec cette ligne; elle n'est pas guéable [12] entre Mauriac et Bussy, mais elle est faible et plus ou moins facile à franchir entre Bussy et Saint-Remy.

Bussy est comme Mauriac un centre de communications; il a également un pont sur la Noblette, et ce pont [13] est la clef de la seconde position. Une vaste demi-lune, ayant deux cent cinquante toises à la gorge, l'enveloppe et en défend l'approche du côté de la rive droite, tandis qu'elle se lie à dix-huit cents toises de distance, par la rive gauche, avec Mauriac et son camp retranché.

Quinze cents toises plus loin, en remontant, d'autres ouvrages encore plus étendus et non moins importants que la tête de pont de Bussy, sont établis à cheval sur le chemin de Saint-Remy à Somme-Vesle, à l'effet de couvrir le gué de la Noblette, et d'intercepter ainsi cette troisième ligne de communication. Ce sont deux ouvrages distincts, mais liés entr'eux par un même système de défense, dont l'un est comme le réduit ou la citadelle de l'autre, qui se flanquent et se protégent mutuellement.

Celui de ces deux ouvrages qui commande le gué de la Noblette, a environ cent toises de diamètre; ses remparts sont plus élevés que ceux de la seconde enceinte. L'étendue de celle-ci est d'environ deux cent vingt toises; c'est comme une redoute fermée pouvant contenir trois à quatre mille combattants.

Dans l'intervalle de Bussy et de Saint-Remy, la Noblette est rapide et peu profonde; mais les escarpements plus ou moins prononcés et les accidents de sa rive gauche offrent un grand avantage à celui qui s'y établit pour en défendre le passage, et doublent en quelque sorte la force de cette importante position.

Tous ces ouvrages sont poussés avec une incroyable activité : on y travaille la nuit comme le jour. Attila est partout, sa présence électrise l'armée; tous sentent le prix du temps : il faut que ces préparatifs soient terminés avant l'arrivée d'Ætius dont les colonnes commencent à déboucher dans la plaine, et qui, fort heureusement, ont éprouvé un retard imprévu.

Après le passage de la Seine, si chèrement acheté par Attila, et la rupture des ponts de Méry, Ætius, n'entrevoyant plus la possibilité d'atteindre son ennemi en-deçà de la Marne, lui laisse continuer sa retraite sans plus chercher à l'inquiéter. Aussitôt qu'elle a rendu les derniers honneurs aux braves qui ont succombé dans la dernière action, et élevé, sur les hauteurs de Pars [Pl. 5.], deux *tombelles* à leur mémoire, l'armée coalisée se rapproche de Pont, passe tout entière sur la rive droite de la Seine et se dirige par Villenoxe, Vertus et Épernay, en tournant les marais de Saint-Gond, dans la plaine qui s'étend en demi-cercle au pied de la montagne de Reims, où était son point de concentration. Cette marche à travers un pays désert et entièrement dévasté par les Huns, fut longue et hérissée de difficultés. Ætius avait dépêché vers les Bourguignons pour hâter leur arrivée, car il ne voulait rien entreprendre de décisif avant qu'ils ne l'eussent rejoint; mais Wolomir, en se retirant, avait semé leur route de tant d'obstacles, qu'ils étaient encore à Troyes lorsque le reste de l'armée prenait position sur la Vesle en avant de Sillery. Ce contre-temps était des plus fâcheux; Ætius savait qu'Attila, décidé à lui livrer bataille, se fortifiait dans sa position de Mauriac, et que plus il différerait d'aller à sa rencontre, plus il lui ferait acheter cher la victoire qu'il espérait remporter sur lui; d'ailleurs Attila tirait ses vivres de Châlons et ne manquait de rien, tandis que la campagne de Reims, épuisée, ne pouvait pas assurer les subsistances d'une armée aussi nombreuse, au-delà de quelques jours: le temps ne permettait pas d'ailleurs de compter sur les arrivages du Soissonnais.

Le 3 septembre, quoique Gondebaud ne fut pas encore arrivé, Ætius se rapproche d'une marche de son ennemi; il dresse ses tentes au pied de *Fanum minervæ* [14], et pousse ses avant-postes jusqu'à deux mille toises de Mauriac. Dans une escarmouche, il s'avance de sa personne pour reconnaître la position d'Attila. Plusieurs attaques partielles sont dirigées contre le camp retranché et contre la redoute de Nantivet; les travailleurs sont mis en fuite, mais de nombreux renforts surviennent qui les protègent et mettent les travaux à l'abri des insultes des Romains.

Du 4 au 8 septembre, les armées n'étaient séparées que par un intervalle de deux à trois mille toises. Plusieurs affaires très-meurtrières ensanglantent la plaine où leurs avant-postes se rencontrent; les succès sont balancés.

Clodomir périt dans l'un de ces engagements. Prévoyant la ruine prochaine d'Attila, et n'ayant désormais en perspective que les misères de l'exil, ce malheureux prince brûlait d'assouvir sa vengeance sur Mérovée. Aussitôt qu'il l'aperçoit, il se précipite sur lui avec toute la fureur de la haine et du désespoir. Un combat terrible, corps à corps, s'engage entre ces deux intrépides rivaux. Clodomir, plus impétueux, multiplie ses attaques, frappe au hasard, et ne porte à son adversaire que des coups mal assurés. Mérovée, plus calme, reçoit de pied ferme le choc de son ennemi, suit de l'œil tous ses mouvements, attentif à ses fautes, et également prompt à les saisir et à en profiter. Le fer croise le fer, il étincelle, le sang commence à couler; les deux partis voient avec une pitié mêlée d'horreur cette lutte parricide. Un moment Clodomir se croit sûr de la victoire : il s'élance pour porter le coup fatal à son oncle, à son tuteur, à l'usurpateur de ses droits; déjà il le voit chanceler ; mais Mérovée, quoique grièvement blessé, rassemble toutes ses forces, et profitant du trouble de cette noble et déplorable victime, lui plonge son épée dans le sein et l'étend sans vie à ses pieds.

Voyant leur chef mort et perdant avec lui tout espoir de retour dans la patrie, les quinze cents *Ripuaires* qui s'étaient attachés à la fortune de Clodomir, se jettent, tête baissée, à travers les plus épais bataillons des *Saliens*, et, après avoir fait des prodiges de valeur, sont tous tués jusqu'au dernier.

Cette action se passe à l'aile droite d'Attila, sur les bords de la Suippe; elle est la plus meurtrière de celles qui précèdent la bataille.

C'est ainsi que les deux armées préludent à la grande action qui va décider du sort de la plus belle partie du monde et de cette formidable invasion.

Enfin, le 9 septembre, Gondebaud rejoint Ætius à la tête de trente mille hommes; aussitôt Ætius fait cesser tous les combats d'avant-garde, il replie ses postes avancés et dispose son ordre de bataille en arrière d'un monticule qui le dérobe à la vue de l'ennemi. Attila, comme s'il eut agi de concert, fait le même mouvement et laisse un espace libre de deux mille quatre cents toises entre les deux armées.

A peu près au centre de cet espace (Pl. 2.), s'élève la petite colline de *Piémont*, dont les flancs très-alongés s'abaissent à l'est et au sud par une pente douce jusqu'au bord de la Noblette. C'est sur cette pente qu'Attila forme sa ligne de bataille. Le sommet de la colline ne permet à Ætius de découvrir aucuns de ses mouvements. La pente à l'ouest est brusque et rapide, mais peu élevée; elle se termine à un vallon large et plat qui a été occupé les jours précédents par les avant-postes des Romains. Cette colline [15], dont les deux partis se sont disputé déjà plusieurs fois avec acharnement la possession, doit être d'un grand secours pour le gain de la bataille. Ætius, qui en sent tout le prix, feint cependant de l'ignorer et s'en éloigne avec une sorte d'indifférence; Attila donne dans le piége et néglige lui-même de se tenir à portée de conserver cette importante position.

L'armée d'Attila, rangée sur huit à dix de profondeur, ayant ses ailes appuyées au camp de Mauriac et à la redoute de Nantivet, présente, en première ligne, une masse effective de cent vingt mille combattants. La seconde ligne, formée en réserve derrière la Noblette, est composée de soixante-dix mille hommes; le camp retranché, les redoutes, les places d'armes, la tête de pont en renferment vingt-cinq mille; dix mille hommes environ occupent Châlons et forment l'escorte des convois qui alimentent l'armée. Le total est ainsi de deux cent vingt-cinq mille combattants, dont trente-cinq mille de cavalerie. La cavalerie, sous le commandement d'Andagèse, est placée en arrière de l'infanterie, dans la direction de Saint-Remy à Somme-Suippe, seule partie de la plaine où elle puisse manœuvrer librement. Théodemir commande l'aile droite; Volomir la gauche; Ardaric et Wendemir sont au centre avec Attila.

Par l'ensemble de ces dispositions, Attila diminue de moitié l'étendue vulnérable de son champ de bataille. Il est évident qu'il ne peut être attaqué avec avantage que dans le vide qui existe entre la Suippe et la source de la Noblette. Il rétablit ainsi la balance entre les deux armées, la sienne étant inférieure par la discipline, et peut-être (du moins il le suppose) par le nombre à celle des Romains.

Ætius n'a pas plutôt reconnu la position de son adversaire, qu'il se décide à l'attaquer par sa gauche. Attila l'avait prévu : c'était son côté faible; c'était aussi sur ce point qu'il avait réuni ses troupes les plus braves, disposé à en prendre lui-même le commandement.

L'armée combinée, moins nombreuse que celle des Huns, était rangée dans l'ordre suivant :

Le fils aîné de Théodoric, Thorismond, avec quarante-quatre mille Visigoths, formait l'aile droite, à cheval sur la route de Toul à Reims, ayant devant lui le camp retranché et le bourg de Mauriac. Au centre était Sangiban, à la tête de quatorze mille Alains, appuyés à gauche par les vingt-huit mille fantassins de Gondebauld; venaient ensuite les légions romaines, formées en carré sous les ordres immédiats d'Ætius, et présentant une masse effective de cinquante-trois mille combattants; à l'extrême gauche, étaient les Francs, au nombre de vingt-sept mille, guidés par Mérovée, leur roi.

La cavalerie des Visigoths comptait six mille chevaux; celle des Romains, sept mille; celle des autres alliés, six mille; ce qui formait en tout dix-neuf mille hommes de cavalerie. Elle prend position derrière le *centre* à la hauteur de celle d'Attila, ayant à sa tête Théodoric et le plus jeune de ses fils.

Le 10 septembre, à six heures du matin, toutes les dispositions étaient faites de la part d'Ætius, pour donner la bataille, mais non de la part d'Attila pour la recevoir. Il lui restait quelques retranchements à terminer; la tête de pont de Bussy se hérissait de palissades, les bords de la Noblette se couvraient d'abattis, on travaillait à produire une inondation au-dessus de la redoute de Nantivet; vingt-quatre heures étaient nécessaires pour mettre la dernière main à tous ces travaux. Ætius, pour augmenter la sécurité d'Attila, évite toute démonstration hostile jusqu'à une heure après midi. Il regrettait toujours vivement que l'arrivée tardive des Bourguignons l'eut mis dans l'impossibilité d'attaquer Attila huit jours plus tôt dans le désordre de la retraite et lorsqu'il débouchait dans les champs Catalauniens; mais n'ayant pu l'empêcher de commencer ses retranchements, il était du moins bien décidé à ne pas lui laisser le temps de les terminer. Des affidés lui rendaient compte, heure par heure, de leurs progrès. Il sentait l'importance de se saisir de la colline qui dominait toute la position, et il voulait y arriver avant Attila qui en était cependant plus rapproché que lui. En conséquence, il ne craint pas d'attaquer à une heure aussi avancée. Le ciel était pur, le temps magnifique, et la lune [16], dans son plein, ne laisserait pas même à l'ennemi la ressource de l'obscurité pour protéger sa fuite ou pour retarder sa défaite.

Certain qu'Attila ne s'attend plus à être attaqué ce jour-là, Ætius fait circuler rapidement dans tous les rangs l'ordre de marcher en avant; « il espère que tous, « Alliés et Romains, feront leur devoir. Il est temps de « mettre un terme à tant de ravages; ce jour doit être le « dernier de cette guerre. C'est la valeur et non pas « le nombre qui donne la victoire; les Barbares déjà « battus deux fois, poursuivis pendant un mois l'épée « dans les reins, cachés timidement derrière leurs rem« parts, tremblants à leur aspect, ne soutiendront pas « le feu de leurs regards. En recevant les Visigoths, les « Francs, les Bourguignons, les Alains dans son « alliance, Rome les a élevés au rang de citoyens ro« mains; elle les reconnaîtra aux coups qu'ils vont « porter; l'honneur de son nom, la gloire de ses armes « sont désormais entre leurs mains; elle les confie avec « un juste orgueil à leur discipline et à leur courage; « les Romains seront dignes d'eux mêmes, les Alliés « dignes des Romains. »

A deux heures précises, l'armée s'ébranle et marche en ligne de bataille au-devant de l'ennemi. A trois heures elle gravit la colline, s'en empare et y prend position.

Ce mouvement était à peine commencé que des coureurs en portent la nouvelle à Attila. En un clin-d'œil toute l'armée a pris les armes, et attend en silence le signal du combat. Attila monté sur un cheval rapide comme l'éclair, parcourt tous les rangs ; « ses compa-
« gnons savent que sa voix ne leur a jamais fait de
« promesses vaines ; le monde entier a les yeux fixés
« sur eux ; il appelle à grands cris ses libérateurs. Tous
« les peuples font des vœux pour le succès de leurs
« armes, tous sont las de la tyrannie des Romains.
« Qu'ils se rappellent leurs victoires ; l'Orient, les trois
« quarts de l'Europe rangés en courant sous sa loi. Un
« dernier effort les couvrira d'une gloire immortelle ;
« Rome va trouver enfin le châtiment de ses crimes, l'u-
« nivers des vengeurs. »

Attila presse leur marche ; il espère encore arriver avec le centre au haut de la colline avant les Romains. Il n'avait que neuf cents toises à parcourir. Mais il est trop tard, Ætius l'a prévenu : il trouve le plateau couronné.

Les deux armées s'approchent, elles s'entrechoquent, la terre tremble sous leurs pas. Le bruit des instruments de guerre, le cliquetis des armes, les cris de fureur de deux cent mille combattants ébranlent la voûte des cieux ; la plaine en retentit au loin, ils se propagent jusqu'à Châlons.

Le combat s'engage sur toute la ligne ; on se bat corps à corps, la mêlée est furieuse, opiniâtre, horrible.

Elle dure depuis une heure; des monceaux de cadavres dérobent aux combattants la vue de leurs rangs respectifs. Chacun a fait vœu de mourir plutôt que de céder. Les chefs se multiplient et donnent l'exemple du courage. Cependant les plus braves, même parmi les Romains, inaccoutumés à une telle résistance, craignent de ne pas l'emporter; Ætius lui-même semble douter un moment de la victoire, il s'étonne et s'irrite de leur hésitation. Accablés d'une grêle de traits, heurtés de front par les gardes d'Attila, les Belges de la 17e légion, les Celtes de la 6e, troupes braves s'il en fut jamais, semblent perdre contenance et auraient peut-être cédé du terrain si un corps de réserve de quatre mille Francs, l'élite des troupes de Mérovée, ne fut accouru, ayant ce chef intrépide à sa tête, pour rétablir la balance et donner une nouvelle face au combat. A ce moment un effort puissant, unanime, se communique comme l'étincelle électrique sur toute la ligne des Romains, tous s'élancent et frappent de concert. Les Huns étonnés de cette furie sont obligés de céder. L'impulsion donnée au centre se propage aux deux ailes. Toute l'armée gagne du terrain. Attila le dispute pied à pied et se rapproche en bon ordre de sa seconde position. Le centre et l'aile gauche de son armée pivotent sur le camp retranché, et se retirent en échelons par Mauriac, Bussy et Saint-Remy derrière la Noblette; là, couverts par les retranchements qu'il a fait élever, ses bataillons sont promptement reformés, et accueillis par des troupes fraîches, ils attendent de pied ferme les Romains. L'aile droite, par un mouvement inverse, vient s'adosser à la colline de Lacroix, laissant à découvert la redoute de Nantivet.

La cavalerie des alliés inonde bientôt la plaine de Lacroix; par cette manœuvre elle coupe à Attila sa retraite sur Verdun. En même temps un détachement de Francs cerne la redoute de Nantivet et promet de la forcer bientôt à capituler.

Malgré cet échec, et quoiqu'ayant son flanc droit découvert, Attila fait bonne contenance et inspire une nouvelle ardeur à ses soldats.

Il est près de cinq heures lorsque les Romains arrivent en bon ordre au pied de sa seconde position [17]. Jamais entreprise ne fut plus périlleuse et n'exigea plus d'audace que l'attaque de front et l'enlèvement de vive force du passage de la Noblette. L'assaut presque fabuleux que ces braves vont livrer, les remplit de joie; aucun ne s'en étonne; un premier succès a enhardi les plus timides. Tous ferment les yeux sur le danger qui les menace et ne voient que la gloire qui les attend, la gloire d'une belle mort ou d'un éclatant et dernier succès.

Le combat recommence avec une nouvelle fureur. Les rangs se pressent, s'éclaircissent et se reforment tour à tour au pied des retranchements d'Attila. Les plus braves s'élancent pour franchir le ruisseau, ils sont plusieurs fois repoussés. Ce faible courant est teint et comme grossi du sang des blessés; les cadavres amoncelés dans son lit, en suspendent le cours; ils le refoulent vers sa source et le forcent à déborder comme un torrent. On voit des soldats, qu'irrite la douleur de leurs blessures, se disputer ce mélange d'eau et de sang pour étancher la soif qui les dévore. C'est aux abords de la tête de pont de Bussy que le combat est le plus acharné.

La position avantageuse des Huns expliquerait seule l'opiniâtreté de leur résistance; mais ce qui ajoute à leur énergie et à leur rage, c'est qu'ils combattent pour leur salut. Il ne s'agit plus désormais de courir à de nouvelles conquêtes, de se gorger d'un riche butin : il s'agit d'être ou de n'être pas; vaincre ou périr est leur cri de ralliement. Cette position est leur dernier refuge; s'ils l'abandonnent, il ne leur reste plus aucun moyen de salut : c'est l'esclavage ou la mort qui les attend.

Des efforts réitérés emportent le passage au-dessus de Saint-Remy, là où le ruisseau, presqu'à sec, est le moins profond et le moins escarpé. Plus loin la cavalerie a gagné du terrain, et, par un mouvement de flanc, elle menace de prendre à revers la rive gauche de la Noblette, tandis que le centre continuera son attaque de front en avant de Bussy. Cette manœuvre imminente inquiète Attila, la défense en est décontenancée; Ætius, qui s'en aperçoit, redouble ses efforts; ses rangs, quoique fort éclaircis, se resserrent et renversent les derniers obstacles; les bataillons qui résistent encore sont partout enfoncés, le ruisseau est franchi et sa main victorieuse saisit enfin cette rive qui lui était disputée depuis une heure avec tant d'acharnement. Vingt mille cadavres attestent la fureur de l'attaque et l'intrépidité de la défense. Il est six heures; les Huns se retirent en désordre, à travers champs, dans toutes les directions.

Théodoric débouche immédiatement à la tête de sa nombreuse cavalerie. Il presse les fuyards, pousse droit devant lui, et malgré l'heure avancée, les poursuit encore ce jour-là jusqu'à trois lieues au-delà du champ de bataille. Il se trouvait à neuf heures du soir à la hauteur de Poix. Dans une dernière charge, il tombe frappé à la tête par le javelot d'Andagèse. Les siens s'en aperçoivent trop tard; il est foulé au pied des chevaux : on le relève, il ne donnait plus aucun signe de vie. Une mort prématurée lui ravit le fruit de la victoire et l'ensevelit dans son triomphe; son fils lui succède dans le commandement.

Le combat se prolonge sur tous les points fort avant dans la nuit : il est onze heures du soir lorsque les deux armées prennent position.

Soixante mille morts [18], un nombre immense de blessés avaient cruellement éclairci les rangs des Barbares. La perte n'était pas moins sensible du côté des Romains. Quarante-cinq mille braves avaient succombé; les blessés couvraient la plaine. Ces pertes laissaient un vide difficile à combler; elles portaient principalement sur les Francs et sur les Romains. On n'avait pas fait de prisonniers.

Le lendemain de la bataille, les forces d'Attila présentaient encore, indépendamment des garnisons de Nantivet, de Saint-Remy et de Mauriac, trois masses principales de combattants. L'une, provenant des débris de son aîle droite, occupait les hauteurs de La croix, essayant de communiquer avec la garnison de Nantivet; l'autre, peu nombreuse et formée d'une partie du centre, avait battu en retraite dans la direction de Poix, ayant derrière elle la route de Toul et de Langres, et se trouvait entièrement séparée du reste de l'armée. La troisième, qui était la plus considérable, et celle qui avait le moins souffert, était massée en avant de Mauriac et au pied du camp retranché où Attila s'était retiré de sa personne avec l'élite de ses soldats. La cavalerie, éparse de différents côtés, avait ses principales forces au-delà de Poix.

Les Francs ont ordre d'observer et de contenir l'aile droite; les Bourguignons et la cavalerie de Théodoric sont à la hauteur de Poix; les Romains, les Alains et les Visigoths cernent Mauriac sur les deux rives de la Noblette, et interceptent les communications d'Attila avec Châlons où sont ses vivres et ses magasins.

Attila, retiré dans son camp, couvert par des inondations, ayant encore sous sa main cinquante à soixante mille de ses plus braves soldats, se prépare de nouveau à combattre et, s'il le faut, à vendre chèrement sa vie. Les chances d'un nouvel engagement peuvent lui être favorables; ces retours soudains ne sont pas rares à la guerre. Il juge par ses pertes de celles de l'ennemi, et le jour qui va luire peut éclairer la défaite des Romains.

Plusieurs jours de suite Ætius renouvelle ses attaques : elles sont constamment repoussées. Deux fois Attila se fait jour, et élargit le cercle qui le presse de tous côtés. On se bat avec le même acharnement sur tous les points occupés en force par l'ennemi. C'est sur la hauteur de Lacroix, et en avant de Mauriac, que la mêlée est plus opiniâtre et les succès plus chèrement payés.

Cependant Attila, resserré de plus en plus dans ses lignes, coupé de ses communications avec les bords de la Marne, voit avec désespoir que les vivres vont lui manquer. Ætius souffre aussi de la disette, mais il tient librement la campagne; le marché de Châlons lui est ouvert, et les magasins d'Attila vont bientôt le ravitailler. Cette pensée trouble Attila : l'idée d'une catastrophe le rend furieux; mais quoique son orgueil souffre et s'irrite, son courage n'est pas ébranlé.

Si Ætius, au lieu d'irriter inutilement son rival par des attaques réitérées, qui affaiblissent son armée déjà harassée de tant de fatigues et en proie depuis huit jours à tant de privations, se fût borné à bloquer de loin le camp de Mauriac, Attila, au bout de très peu de jours, eût été réduit à capituler. Coupé de sa retraite, sans communications avec ses renforts, sans munitions, sans subsistances, ayant devant lui les défilés de l'Argonne, cette catastrophe était inévitable; il était forcé de mettre bas les armes, pas un seul homme n'eût échappé.

D'un autre côté, il ne faut pas se dissimuler qu'Ætius avait de justes sujets d'inquiétude et que sa prudence pouvait à bon droit s'alarmer de l'avenir de sa position. Ses alliés n'étaient pas tous également dévoués; il lui était permis de douter que tous lui restassent également fidèles. Les Bourguignons, qui avaient vu deux fois leurs rangs éclaircis par les Barbares, étaient impatients de rentrer dans leurs foyers; les Alains, mécontents du peu de confiance qu'Ætius leur témoignait, murmuraient hautement de sa partialité, et n'attendaient qu'un prétexte pour l'abandonner; les Visigoths, que préoccupait vivement la mort de leur roi, et qui voyaient déjà des partis se former en leur absence dans leur patrie, pour lui donner un successeur, tournaient des regards inquiets vers le midi ; les Francs seuls étaient résolus à achever leur ouvrage : tous, chefs et soldats, étaient prêts à porter les derniers coups aux Barbares et à suivre la fortune d'Ætius jusqu'au bout.

Ces considérations, jointes à des motifs d'ambition que l'histoire ne révèle pas, et aux instances secrètes et peut-être corruptrices des émissaires d'Attila, déterminent Ætius à prêter l'oreille à un accommodement ; il se conclut après deux jours de négociations.

Attila rend la liberté aux esclaves, renvoie les ôtages, abandonne l'immense butin qu'il avait amassé à travers tant de périls, et, moyennant la promesse solennelle de ne plus faire aucune tentative d'invasion contre les Gaules et contre l'occident de l'Europe, il obtient la liberté de repasser le Rhin.

Les Huns, réduits à moins de cent mille hommes en état de supporter les fatigues de la retraite, commencent leur mouvement le 20 septembre, dix jours après la bataille. Leur marche est tracée par Verdun, Metz, Trèves et la vallée de la Moselle jusqu'à son embouchure dans le Rhin. Ætius, à la tête d'une colonne de 25 mille Romains et de 15 mille Francs, les suit à une journée de distance ; il choisit chaque soir son campement de manière à être toujours en vue de l'ennemi [19]. Une multitude de feux allumés par ses ordres, simulent une armée beaucoup plus nombreuse, et le tiennent en respect.

Saint-Loup [20], qui attendait à Châlons l'issue de la bataille, invité par Attila à le suivre dans sa retraite, acquiesce, avec la permission d'Ætius, à sa prière, et l'accompagne jusqu'au Rhin. Ses efforts pour lui rendre les populations favorables et pour calmer leur juste irritation, obtiennent un plein succès. Il parvient à lui épargner de nouveaux malheurs à travers un pays où son nom était abhorré.

En attendant le retour d'Ætius, et avant de se séparer, les vainqueurs rendent les derniers devoirs à leurs morts et consacrent à l'envi, par des monuments funèbres, le souvenir de ce glorieux évènement.

Une tombe immense [21] s'élève au lieu même où Théodoric a été frappé. Les Visigoths y déposent sa cendre et ne s'éloignent du théâtre des exploits de ce prince illustre qu'après avoir payé à sa mémoire un noble tribut de regrets.

Les Francs, qui avaient payé du plus pur de leur sang la possession de la redoute de Nantivet [22], amoncèlent en une vaste pyramide la moitié de l'enceinte de cet ouvrage, et y rassemblent les restes des guerriers que le fer a moissonnés. Là sont déposés leurs titres à la possession des Gaules, et leurs droits à conquérir plus tard la patrie qu'ils viennent de sauver.

A Bussy [23], où le combat avait été le plus long et le plus acharné, trois autres pyramides s'élèvent dans l'enceinte même de la Tête de pont. La première, à l'ouest, l'emporte sur les deux autres par sa masse et par sa hauteur : elle est l'ouvrage des Romains; la seconde appartient aux Visigoths qui, secondés par les Alains, avaient, après les Romains, le plus contribué à la délivrance du pays; la troisième est érigée par les Bourguignons.

Les cendres des chefs morts au champ d'honneur, recueillies par des mains pieuses, sont déposées au centre de ces pyramides, après que de vastes bûchers ont été allumés pour les consumer.

La foule des combattants reçoit les honneurs de la sépulture vulgaire, sur les lieux mêmes où ils ont glorieusement succombé; leur dépouille mortelle est confiée à la terre, à cette terre qu'ils ont affranchie en l'arrosant de leur sang. Les bords de la Noblette s'enorgueillissent de recevoir, avec le dépôt de tant de braves, le gage d'une impérissable célébrité.

D'autres tombeaux retracent çà et là, en caractères ineffaçables, l'étendue de ce vaste champ de bataille. On en voit deux,[24] voisins l'un de l'autre, s'élever à l'ouest de Mauriac; deux autres [25] au pied des hauteurs de Lacroix; un cinquième [26] près des sources de la Noblette. Jamais événement plus mémorable, plus important, ne fut signalé à la postérité avec plus d'appareil, ne fut immortalisé par de plus grands monuments.

Après avoir consacré huit jours à ces pieux et tristes devoirs, l'armée se prépare, par un repos de quelques jours, repos si nécessaire, et qu'elle a si bien mérité, à sa complète dislocation.

Au moment où Attila délivrait enfin les Gaules de sa présence [27], les Visigoths et les Bourguignons s'étaient déjà rapprochés de plusieurs marches de leurs foyers; les Francs avaient repassé l'Aisne et l'Oise, et allaient se reposer de leurs fatigues sur les rives fertiles de l'Escaut.

Quant à Ætius, aussitôt qu'il voit les Huns au-delà du Rhin, il licencie le corps Franc qui l'a accompagné; ceux-ci descendent le fleuve et rentrent dans leurs provinces par Cologne, Aix, Maestrich et Louvain. Ætius suit une marche inverse; il remonte le Rhin, rétablit l'ordre dans toute l'Alsace, punit les traîtres qui s'étaient vendus à Théodemir, récompense avec éclat ceux qui sont restés fidèles à l'alliance des Romains, et poursuivant sa marche vers le Jura, après avoir conféré long-temps avec Gondicaire sur la situation et sur les besoins de la Bourgogne, il s'arrête pour passer l'hiver à Lyon.

L'année suivante, Attila, au mépris de ses serments, entre en Italie par le nord et ravage toute la Lombardie. Ætius, surpris et comme effrayé de cette nouvelle irruption, ne fait d'abord rien pour l'arrêter; il se retire sur la rive droite du Pô et se contente de détruire les détachements qui osent le traverser. Attila, après avoir dicté à Ætius les conditions d'un traité déshonorant pour les armes romaines, retourne en *Pannonie.*

Deux ans plus tard, lorsque parvenu au comble de la gloire et des honneurs, chargé d'ans et de lauriers,

Ætius aurait dû songer uniquement à goûter les douceurs du repos dans une retraite inaccessible aux tourments de l'ambition, ce guerrier dangereux et insatiable est convaincu de menées criminelles, et périt de la main de Valentinien III lui-même, qui le punit de sa trahison par un lâche assassinat.

Attila termine sa carrière à peu près à la même époque. Retiré au-delà du Danube, adonné à tous les vices, plongé dans l'ivrognerie et dans la débauche, on doute encore s'il eut la fin de César ou celle d'Alexandre. Avec lui son empire se dissout et disparaît de la scène du monde; plusieurs royaumes se forment de ses débris. De tant de grandeur il ne reste qu'un nom, un nom haï, détesté, que les peuples ne prononcent qu'avec effroi; un nom qui sera à jamais parmi eux une malédiction, une injure. L'humanité, trop long-temps outragée par le barbare, le condamne à l'immortalité des brigands fameux; l'histoire recueille ses arrêts et garde la mémoire de ce fléau, comme elle garde le souvenir d'un incendie ou de l'éruption d'un volcan.

NOTES

ET

ÉCLAIRCISSEMENTS.

1 Si l'on en croit *Lebeau*, qui n'a en faveur de son opinion qu'un passage assez obscur de *Paul Diacre*, Attila aurait commencé son invasion par le ravage de l'Alsace; mais les notions les plus simples de l'art de la guerre ne permettent pas de supposer que ce conquérant aurait, dès le début de la campagne, suivi une marche aussi contraire à l'objet principal de l'invasion qu'il méditait. Il avait trop d'intérêt à se porter rapidement sur la Loire, à s'établir au centre de la domination romaine, à surprendre Ætius et à ne pas lui laisser en quelque sorte le temps de se reconnaître, pour perdre un temps précieux dans une semblable excursion. En passant le Rhin à Bâle, et en descendant ensuite le long de la rive gauche de ce fleuve jusqu'à Coblentz, comme *Lebeau* le suppose, il tournait le dos à l'ennemi, il donnait l'éveil à toutes les Gaules, et se créait ainsi à plaisir des

obstacles très-graves, qui ne pouvaient que diminuer ses chances de succès; enfin il retardait d'un mois toutes ses opérations et se mettait dans l'impossibilité d'arriver devant Metz vers le quinze avril, époque à laquelle cependant tous les monuments font foi qu'il y est arrivé.

Un corps détaché a dû agir dans la direction de Constance et de Bâle, afin de masquer le véritable point de l'attaque et de couvrir le flanc gauche de l'armée, contre les entreprises des Bourguignons. A la vérité, il ne serait pas impossible que ce corps eût été détaché de l'armée principale après et non avant le passage du Rhin, et qu'il eût reçu pour mission de soumettre l'Alsace, et de pousser jusqu'à la rencontre des Bourguignons, rencontre qui aurait eu lieu aux environs de Colmar, et aurait été suivie de leur défaite et de leur expulsion immédiate du pays des Allemands. J'ai préféré le système contraire, qui me paraît le plus vraisemblable; et, conformément au plan de cette guerre, j'ai supposé que Théodemir, avant d'attaquer les Bourguignons, s'était ménagé des intelligences en Alsace, et que, loin de les seconder, les Allemands étaient plutôt disposés à aider les Huns à les poursuivre et les chasser de leur pays.

L'auteur du résumé de l'histoire de Champagne a admis le même système que *Lebeau*, mais sans entrer dans aucun détail pour le justifier. Il a également admis que Reims fut emporté d'assaut, vers le milieu du mois de mai; l'époque peut être exacte, mais non le mode d'occupation; car tous les monuments déposent de l'entrée pacifique du vainqueur dans cette ville, qui, étant alors hors d'état de se défendre, avait envoyé à sa rencontre pour faire sa soumission.

Voici le passage de *Paul-Diacre* qui a pu servir de fondement à l'opinion de *Lebeau* :

« *Convenitur ex utrâque parte in campos Catalaunicos*................ (Le reste comme Jornandès). *Attila, itaque, primo impetu, mox ut Gallias ingressus est, Gundiacium, Burgundionum regem sibi occurrentem, protrivit*.......... »

Cette circonstance de la défaite des Bourguignons, jetée comme par hasard au commencement du récit de la bataille de Mauriac, paraît bizarre; si le passage est réellement de Paul-Diacre, il n'est pas à sa place, ou il ne dit pas ce qu'il semble dire. Au surplus, que les Bourguignons, personnifiés dans Gondicaire, aient été défaits dès l'ouverture de la campagne par les Huns personnifiés dans Attila, ce fait ne justifie pas le système de *Lebeau* ; il cadre au contraire très-bien avec mon explication.

[2] Nasium, ville importante, située sur la rive gauche de l'Ornain, à six lieues au-dessus de Bar-le-Duc, à l'endroit où la route de Toul se séparait de celle de Bâle, fut entièrement ruinée dans une irruption des peuples du Nord.

On y a trouvé, à différentes époques, une quantité considérable de monnaies romaines, des débris de vases, de stuc, de mosaïques et d'autres objets d'art, qui révèlent la grandeur et le luxe de ses principales habitations. Ses ruines sont encore considérables et bien conservées. Je regrette de ne pouvoir insérer ici la note des recherches ordonnées depuis peu, par le département de la Meuse, au milieu de ces ruines, et des résultats qu'elles ont produit. Il paraît que le dépositaire des matériaux provenant de ces recherches, ne tardera pas à les publier. Quoique la charrue n'ait pas cessé de niveler le sol depuis plusieurs siècles, on y reconnaît la direction des rues et la position des principaux édifices. Le petit village de *Naix*, éloigné de Nasium de quelques centaines de mètres à l'ouest, en a conservé le nom.

Rien ne précisant l'époque de la destruction de Nasium, sa catastrophe a pu être l'ouvrage des Huns. Cet acte de vandalisme était dans le caractère des soldats, sinon dans l'intention de leur chef, et il n'est pas douteux que ces hordes, encore tout échauffées du sac de Metz, ne se livrassent partout, sur leur passage, aux plus effroyables excès.

On distinguait à Nasium, la *ville* et le *château* ou la forteresse qui la protégeait; il paraît que la ville a été détruite plusieurs fois. Les monnaies qu'on y a trouvées ne descendent pas, dit-on, au-delà du règne de Julien, tandis que la forteresse en offre d'une date beaucoup plus rapprochée de nous. Les Allemands, dont Julien délivra les Gaules, avaient probablement saccagé Nasium ; peut-être même aussi les Vandales, avant les Huns. Mais en peu d'années, la ville avait pu, sous la protection de la forteresse, se relever de ses ruines. Tout porte à croire que celle-ci ayant été détruite radicalement dans les guerres de Brunehault, c'est seulement à dater de cette époque que Nasium fut pour jamais abandonné par le petit nombre d'habitants qui avaient échappé à tant de désastres.

3 « Châlons n'avait ni garnison, ni fortifications. Saint-Alpin va à » la rencontre d'Attila, hors de l'enceinte de la ville, dans un endroit » qu'on a appelé depuis la rue Barbare (par corruption, rue Barbâtre), » et l'adoucit. Attila rend les captifs et promet de ne faire aucun mal » aux habitants ni à leurs biens. Ainsi Attila n'entra point dans » Châlons, et de là vient l'origine des baguettes blanches, que le clergé » tient à la main, dans la célèbre procession des reliques de la ville. » (Vie de St- Alpin, par Faron.)

L'auteur aurait pu expliquer le rapport qui existe entre les baguettes blanches de la procession des châsses et la modération d'Attila envers les Châlonnais. On sait que les baguettes blanches étaient alors un signe de sauf-conduit et qu'elles rendaient une députation sacrée et inviolable aux yeux même des Barbares les plus enclins à la férocité; mais il suppose contre toute vraisemblance, selon moi, que Châlons ne fut pas honoré ou souillé, comme on le voudra, par la présence de ce conquérant. Il est possible, il est même probable qu'il n'y vint qu'à son retour d'Orléans; mais Châlons étant la clef de la Marne, le centre de plusieurs routes, l'un des points les plus importants de ses opérations stratégiques, surtout dans sa retraite, il le fit nécessairement occuper en force par un de ses lieutenants, avant même d'arriver à Reims, et c'est à cette occasion que Saint-Alpin, intervenant en faveur de ses ouailles, obtint du chef de ce détachement que la ville serait traitée avec modération; le lieu de l'entrevue, non avec Attila, mais avec son lieutenant, est d'ailleurs bien indiqué.

4 Le même auteur se trompe lorsqu'il avance qu'Attila fit trancher la tête à Saint-Nicaise, venu à sa rencontre, ainsi qu'à sa sœur, lorsqu'il se présenta devant Reims, qu'il trouva, dit-il, en état de défense, et qui fut saccagé. Morlot et Baillet observent avec raison que Saint-Nicaise périt en 407, lorsque les Vandales, les Suèves et les Alains, après avoir passé sur le ventre aux Francs qui gardaient les limites du Rhin pour les Romains, se jetèrent dans les Gaules et réduisirent en cendres Mayence, Worms, Reims, Amiens, Arras et une multitude d'autres villes, depuis le Rhin jusqu'aux Pyrénées. Le siége de Reims fut très-long, et les Vandales, irrités de sa résistance, en firent un monceau de ruines et massacrèrent tous ses habitants.

C'est *Bennadius* qui occupait le siége de Reims en 451, et Attila ne lui fit éprouver aucun mauvais traitement.

5 Tout porte à croire qu'il n'existait alors de pont sur la Marne ni à *Mareuil*, ni à *Épernay*. La montagne de Reims étant couverte d'une immense forêt qu'aucune route praticable ne traversait, il fallait tourner cette montagne à l'est ou à l'ouest pour se rendre de Reims sur la Marne. La configuration topographique ne permet pas de douter que le passage de la Marne ne s'effectuât alors à Damery. Ce qui le confirme, c'est que, comme l'on sait, ce bourg est très-riche en antiquités romaines.

L'étendue des ruines antiques de Damery (*Dameriacum*, par les géographes du moyen âge) est considérable ; mais ces ruines n'ont jamais été explorées avec le soin et l'intérêt que leur importance semblait réclamer. Un correspondant de la société d'agriculture de la Marne a rédigé une notice assez intéressante sur le peu d'objets dont il est dépositaire ou qu'il s'est trouvé à portée d'observer. Les médailles romaines qu'il a rassemblées, embrassent une période de 360 ans, depuis Tibère jusqu'à Valentinien Ier, mort en 375. On a trouvé quelques monnaies gauloises, que l'on croit remonter à 1937 ans avant notre ère, et d'autres qui datent seulement du règne de Philippe-le-Bel. On porte à 7000 le nombre des pièces recueillies depuis quelques années, dans les fouilles faites à Damery. On aperçoit encore dans la vieille enceinte située à l'est du village actuel, des vestiges d'amphithéâtre, de thermes et d'aqueducs plus ou moins bien conservés. Des fouilles un peu profondes augmenteraient la collection de vases, d'armes, d'ustensiles de tout genre, que le hasard, plutôt que des recherches bien dirigées, y a fait découvrir seulement depuis quelques années.

Ainsi Damery se trouvait sur la route directe de Reims à Pont-sur-Seine, à Sens et à Orléans, et c'est là que le gros de l'armée, conduit par Attila en personne, a dû traverser la Marne.

6 « Les habitants de Paris avaient résolu de s'enfuir à l'approche » d'Attila. Ste Geneviève leur représenta que ce ne serait point la fuite, » mais leur confiance en Dieu qui les garantirait de l'insulte des Bar- » bares. Après quelques jours de pénitence publique, on apprit que la » terreur s'était jetée dans l'armée des Barbares, qui s'avançaient en » diligence, et qu'ils avaient changé leur marche d'une manière fort

» précipitée, bonheur inespéré que l'on prit pour l'effet miraculeux
» des prières de la sainte.

» Long-temps auparavant, sur une fausse alarme, causée par le
» bruit qui s'était répandu de l'approche des Huns, elle avait déjà
» voulu empêcher les Parisiens d'abandonner leur ville, ce qui lui
» avait attiré de violentes persécutions. »

(*Vie de Ste Geneviève par Baillet.*)

Il y avait près de deux mois que le bruit de l'approche des Huns s'était répandu dans cette partie des Gaules. La terreur dut être fort grande à Paris, et l'on conçoit sans peine que Ste Geneviève parvint difficilement à empêcher les Parisiens d'abandonner leur ville pour un asyle plus sûr et plus éloigné. Il est même probable qu'elle n'y eût pas réussi si Attila se fût présenté en personne pour l'occuper. Les prières de la sainte eurent au moins pour effet de retarder la fuite des Parisiens, et comme il n'entrait pas dans le plan d'Attila de s'emparer de cette ville avant de s'être assuré du passage de la Loire, elle rendit à ses concitoyens un véritable service en leur inspirant une confiance assez grande dans la bonté divine pour les déterminer à rester tranquillement dans leurs foyers.

7 *Baillet* rapporte, dans la vie de St Loup, qu'après le sac des villes les plus fortes, entr'autres de Reims, de Cambray, de Besançon, de Langres, d'Auxerre, celle de Troyes fut avertie que les barbares venaient pour la traiter de même; que St Loup, loin de s'effrayer comme les autres, porta son peuple à la pénitence pour tâcher d'appaiser la colère divine, et il ajoute :

« A la nouvelle de l'approche des ennemis qui venaient d'Orléans,
» d'où l'évêque St Aignan leur avait fait lever le siège, St Loup mar-
» cha en procession avec la croix, accompagné de tout son clergé,
» au-devant d'Attila. Attila s'adoucit et promit à Saint-Loup que sa
» ville serait épargnée; il fit en effet remonter son armée dans la plaine
» de Châlons, où il fut défait.

» Attila, plein de vénération pour le saint, voulut qu'il le recon-
» duisit jusqu'au Rhin. A son retour St Loup trouva son peuple indis-
» posé contre lui, sur ce que des méchants l'avaient rendu suspect
» d'intelligence avec Attila, et il fut obligé de s'éloigner de Troyes
» pendant quelques années. »

Baillet confond ici évidemment l'invasion d'Attila avec l'irruption des Vandales ; car ni Reims, ni Châlons n'eurent à souffrir de sac de la part d'Attila, et ce n'est pas la crainte d'un sort semblable qui détermina Troyes à lui faire sa soumission. St Loup n'était pas d'ailleurs à la tête de la députation que la ville lui envoya à son arrivée sur la Seine, et ce n'est pas après le siége d'Orléans, lorsqu'Attila, pressé dans sa retraite, ne songeait qu'à se couvrir par cette rivière et par la Marne, qu'il reçut cette députation ; depuis long-temps Troyes était en son pouvoir et avait ressenti les effets de sa protection.

Il est du moins établi par l'opinion de Baillet, laquelle repose sans doute sur les actes originaux de la vie de St Loup, que l'armée d'Attila fut battue dans la plaine de Châlons.

8 La bataille qui eut lieu sous les murs d'Orléans et qui força Attila à en lever le siége, a été confondue par *Idace* avec la bataille de Mauriac. Je ne m'arrêterai pas à démontrer son erreur. Tous les monuments attestent que ce furent deux actions distinctes ; on doit d'ailleurs accorder d'autant moins de confiance à cette partie du récit d'Idace, que, selon lui, Théodoric serait mort devant Orléans, et qu'Attila aurait tué dans cette action deux cent mille Goths, tandis que lui-même n'aurait perdu que cent soixante mille hommes. Voici le passage tel qu'il est rapporté par Grosley :

« *Attila contrà Gothos super Ligerim fluvium, nec procul ab Aurelianis, confligit certamen. Cæsa sunt Gothorum ducenta millia. Theodoricus rex in hoc prælio occubuit; cæsa sunt Hunnorum centum sexaginta millia.* »

Je rapporterai dans le second chapitre un autre passage du même auteur, qui s'accorde si peu avec celui cité par Grosley, que je serais tenté de croire qu'ils ne sont pas du même historien. Le passage dont je veux parler, est tout ce que contient la *chronique* d'Idace, de l'édition in-8° de Sismondi, édition sans doute calquée sur celle de Canisius ; ses *fastes* ne renferment absolument rien sur l'invasion ; des historiens ont remarqué que la *chronique* donnée par *Canisius*, était souvent contraire à celle que Grosley a citée dans ses recherches.

9 Une armée aussi nombreuse, traînant un matériel considérable, un butin immense, une multitude de captifs et d'otages, obligée de se

concentrer sur un seul point, dut mettre plusieurs jours à défiler. Dans cette dangereuse position, elle fut vivement attaquée par Ætius. Attila ne dut son salut qu'à une résistance désespérée, et c'est cette affaire si chaude de *Méry*, que quelques chroniqueurs, dont Grosley s'est fait l'interprète, ont confondue, comme d'autres avaient déjà fait celle qui eut lieu devant Orléans, avec la grande et décisive bataille de Mauriac.

10 Les ouvrages construits par Attila, pour fortifier son champ de bataille, ne sont pas moins remarquables par leur grandeur que par l'intelligence qui a présidé à leur exécution.

La grande place d'armes, appelée encore aujourd'hui *camp d'Attila*, mérite surtout de fixer l'attention ; on la voit représentée en plan et en relief, planche 3.

Le pourtour de cet ouvrage, dont l'irrégularité même prouve la précipitation avec laquelle il a été établi, est de 1765 mètres, mesurés sur la crête des épaulements. Ce n'est ni un cercle, ni un polygone, c'est une sorte de demi-ellypse irrégulière du côté de la campagne, et une suite de lignes brisées sans symétrie du côté de la rivière, dont il suit à peu près les développements.

Le plus grand axe du terre-plein de l'enceinte a environ 554 mètres de longueur, et le plus petit 460 mètres. On n'aperçoit dans l'intérieur aucun vestige de fouilles, d'excacavations ni de constructions. Le sol est parfaitement plan, et il paraît que la charrue n'a jamais cessé de le parcourir librement. Les pièces de monnaie qu'on y a trouvées à différentes époques, sont toutes antérieures à l'an 450 de notre ère. Il en est de même de celles qui furent découvertes le 1er avril 1831, à un quart de lieue à l'ouest de Suippe, au milieu d'un amas de corps humains d'une taille gigantesque, de débris d'armes, de vases, de colliers et de bracelets, que l'on peut, avec toute vraisemblance, regarder comme l'un des monuments de la bataille de *Mauriac*.

Il n'existe de fossés que du côté du champ de bataille, sur un développement de onze cents mètres. Dans leur partie la plus profonde, ces fossés ont environ 6 mètres 50 cent. de profondeur. Creusés dans la craie, le temps ne leur a fait subir pour ainsi dire aucune altération, et ils sont encore aujourd'hui aussi bien dessinés qu'ils l'étaient il y a quatorze siècles. La main de l'homme n'avait aucun intérêt à applanir ce sol aride et sans valeur; c'est pourquoi le relief de l'enceinte est généralement si bien conservé.

Les déblais ont été jetés, partie du côté de la campagne où ils forment un exhaussement de deux à trois mètres sur le bord du fossé, partie du côté du camp dont l'épaulement présente un relief d'environ cinq mètres.

L'épaulement qui s'appuie sur la rivière, a dû être formé avec les terres du rivage même, dont il a suffi d'abaisser l'escarpement au niveau actuel, pour trouver les remblais dont on avait besoin.

Du reste tout annonce un travail fait à la hâte, sans régularité, sans aucune ressemblance avec les lignes d'un camp romain, et interrompu même avant qu'il ne fût entièrement achevé.

Ce que je dis de l'inondation qui aurait été tendue sur la Noblette, n'est qu'une conjecture basée en partie sur la présence d'une espèce de contrefort qui figure assez bien les restes d'une digue qui aurait eu cette destination. Le voisinage du cavalier qui dominait la digue et battait au loin toute la position, s'explique de la même manière; il est certain que ce moyen défensif a pu être mis en œuvre à peu de frais et sans grande difficulté.

Si l'on repousse cette conjecture, le cavalier ne sera plus alors qu'une butte semblable à celles de Bussy et de Nantivet, et que les troupes du camp auront formée après la bataille, avec les terres du rempart, pour honorer la mémoire d'un de leurs généraux, ou des officiers tués sur ce point.

La profondeur du fossé est, comme je viens de le dire, de 6 mètres 50 centimètres (20 pieds); sa largeur dans le fond est également de 6 mètres 50 centimètres (20 pieds), et sa largeur au niveau du sol de 26 mètres (80 pieds), ce qui donne des talus ayant une inclinaison d'un et demi de base sur un de hauteur.

Le cube des déblais est donc d'environ cent mètres par mètre courant, dont soixante ou les trois cinquièmes ont été jetés du côté du camp et le reste du côté de la campagne; ce qui produit, pour un développement de onze cents mètres, 11,000 mètres cubes de déblais.

Pour élever ces déblais, à l'aide d'une brouette, à une hauteur réduite de six mètres, il faudrait une rampe de soixante mètres de développement, et le prix de chaque mètre cube reviendrait aujourd'hui au moins à 0 f. 60 cent. Ce mode d'exécution, le plus expéditif de tous, n'a certainement pas été employé dans cette circonstance, et les terres ont dû être portées à bras d'homme, les travailleurs formant la chaîne et se passant de main en main les paniers ou autres vases qui les renfermaient. On peut donc évaluer tout au plus à deux mètres cubes, le produit de la journée de chaque ouvrier, et comme on a dû travailler nuit et jour, ce qui était d'autant plus facile que la lune éclairait les ateliers, il s'ensuit que le produit de la journée de 24 heures a été de 4 mètres cubes par travailleur. En sorte qu'il aura fallu 27 à 28 mille journées de 24 heures, pour établir cette seule partie des retranchements.

Or, dans un développement de 1,100 mètres, on a pu placer à la fois 600 piocheurs, 600 chargeurs et 1,200 porteurs, en tout 2,400 hommes sur un seul côté de l'excavation, et autant sur le côté opposé.

Ayant pu faire travailler de front cinq mille hommes, l'excavation a dû être le résultat de cinq à six jours de travail non interrompu ; mais comme les déblais ont été déposés en quantité inégale sur les deux bords du fossé, il en est résulté un retard qui me porte à fixer à huit jours au moins la durée de ces travaux.

Si Attila eût voulu faire jeter toutes les terres d'un seul côté, le travail eut avancé moins rapidement.

On voit par là que le temps qui a précédé la bataille, ne s'est pas passé dans l'inaction. Il paraît même, par certaines irrégularités de ce grand ouvrage, que la circonvallation était à peine complète du côté de la campagne, et qu'elle était encore ouverte en partie du côté de la Noblette, lorsque les deux armées en vinrent aux mains.

On cessera de s'étonner de la rapidité de l'exécution de ces retranchements, si l'on se rappelle que Jules César, dans ses *Commentaires*, se vante, (je crains qu'il n'y ait un peu de jactance dans cette assertion,) d'avoir fait achever en quinze jours, du 30 mars au 15 avril, entre le pied du Jura et le lac de Genève, un mur de dix-neuf mille pas de longueur et de seize pieds de hauteur, précédé d'un fossé, afin d'empêcher la grande migration Suisse de passer le Rhône pour se porter vers le Midi. Ce mur, dit-il, fut l'ouvrage d'une seule légion, aidée des habitants de la province voisine ; les malheureux !

Le comte de Caylus, dans son recueil d'antiquités, (Tome 4, page 392,) ne doute nullement que ces retranchements, que d'ailleurs il n'avait pas vus, ne soient l'ouvrage des Romains. Selon lui, les armées qui les ont occupés plus tard, ont altéré la forme de ce camp romain, en convertissant la masse de terre qui servait à recevoir le prétoire ou la tente du général, en une *redoute*, (ce sont ses expressions,) qui est ce que j'appelle moi-même une butte ou un cavalier.

Il raisonne d'après un plan qui lui avait été adressé en 1760, par M. de *Morla*, géomètre, attaché au bureau de l'ingénieur en chef de la province de Champagne. Les dimensions en sont exactes, mais outre les quatre issues que j'ai indiquées et qu'il décore pompeusement du nom de *portes*, il croit en voir deux autres à droite et à gauche du cavalier, dans les brèches produites évidemment par l'enlèvement des terres qui ont servi à former ce cavalier, ou qui sont restées ouvertes parce que le fossé n'avait pas fourni assez de terres pour les combler.

Une autre erreur du comte de Caylus, est relative à la profondeur du fossé, qu'il prétend avoir été autrefois de 88 pieds, et à la hauteur du rempart, qui était, dit-il, de 12 pieds au-dessus du terre-plein.

Les profils prouvent aussi bien que l'inspection des lieux, que cette assertion est dénuée de fondement. Il ne peut pas venir dans l'idée, à quiconque a vu de près cette informe circonvallation, qu'elle soit l'ouvrage des Romains, un ouvrage construit au sein des loisirs de la paix et ayant la destination que le comte de Caylus a cru devoir lui assigner.

11 La redoute de *Nantivet* [Pl. 4. fig. 1.], dont personne que je sache ne soupçonnait l'existence ou du moins la liaison avec le camp d'Attila, dont elle forme cependant la contre-partie, est un ouvrage moins considérable que ce camp, mais ayant un but analogue, et qui ne mérite pas moins de fixer l'attention.

J'arrivais de Sainte-Menehould par la rive droite de la Suippe, la première fois que j'aperçus de loin les restes de cet ouvrage si peu connu et néanmoins encore si imposant et si bien conservé. Sa position cadrait si bien avec le plan de la bataille tel que je l'avais conçu ; il complétait si heureusement l'ensemble des dispositions d'Attila, que je ne m'en approchai qu'avec la plus vive émotion. Dès ce moment mes doutes étaient éclaircis, mes incertitudes fixées ; les deux armées étaient en présence, l'action se passait en quelque sorte sous mes yeux. L'habileté d'Attila n'éclatait pas moins dans l'ensemble des ouvrages qu'il avait élevés pour rendre sa position en quelque sorte inexpugnable, que la valeur et l'intrépidité des Romains et de leurs alliés dans le succès d'une attaque de vive force dirigée contre ces formidables retranchements. Ceux qui visiteront la redoute de Nantivet ne pourront, je pense, s'empêcher de reconnaître qu'il est impossible de lui assigner une autre destination, et que, si elle ne se rapportait pas à la bataille, elle serait absolument et aurait toujours été sans objet. Quant à la transformation qu'elle a subie dans une partie de son enceinte, j'en donne ailleurs l'explication.

Après ce que je viens de dire du camp retranché, il me paraît inutile d'entrer dans de nouveaux détails pour prouver qu'il a fallu moins de huit jours pour former ce second ouvrage dont le relief et les dimensions se prêtaient à un mode analogue d'exécution. Il est cependant une particularité qui mérite d'être remarquée, c'est que la garnison de cette place d'armes pouvait communiquer avec la Suippe, qui avait été amenée dans son avant-fossé, par une coupure pratiquée à travers sa double enceinte, mais dont les deux parties se défilaient réciproquement, en sorte que les hommes en allant puiser de l'eau restaient le moins long-temps possible exposés aux flèches des tirailleurs, qui, battant la plaine au-delà de la Suippe, devaient sans cesse escarmoucher contre la garnison.

12 La largeur du lit de la Noblette, entre la Cheppe et Bussy, est de quatre à cinq mètres, sa profondeur d'un mètre trente centimètres : dans les temps ordinaires elle a près d'un mètre d'eau. Comme ses bords sont à pic, il est très-difficile de la traverser. Des troupes légères, en se jetant à l'eau, pourraient à grande peine gravir ses rives ; la cavalerie serait forcée de rétrograder.

Entre Bussy et Saint-Remy, le ruisseau n'a plus que deux mètres de largeur sur un demi-mètre de profondeur ; sa pente est plus ou moins rapide ; il est tantôt guéable, tantôt marécageux, mais ses bords sont souvent escarpés. Au-delà de Saint-Remy jusqu'à sa source, il forme partout obstacle au passage de la cavalerie, et quoique souvent à sec dans l'arrière-saison, on peut à l'aide d'abattis en tirer un parti avantageux pour arrêter l'effort des assaillans ou pour se mettre à couvert de leur poursuite.

13 Depuis Mauriac (la Cheppe), qu'Attila occupait en force et où il avait son quartier-général, jusqu'à la source de la Noblette, on

ne pouvait traverser cette rivière à cheval ou en voiture que sur deux points, savoir : à Bussy et à Saint-Remy : à Bussy sur un pont, et à Saint-Remy à gué. Ces deux points dûrent donc être fortifiés.

La tête de pont de Bussy [Pl. 4. fig. 4.] a disparu en grande partie par suite de l'érection des pyramides dont il sera parlé plus loin, avec les terres de son épaulement. Mais il en reste assez pour reconnaître les lignes de son tracé, et dans l'ensemble de ce tracé quelle a dû être sa destination. Elle enveloppe le pont de la Noblette, faisant face à Reims, et ayant dans chaque flanc une ouverture pour l'entrée et la sortie des troupes qui la défendaient ou qui se ralliaient sous sa protection. Elle était donc disposée pour résister à une attaque venant du côté de Reims, et elle avait évidemment à la fois pour objet d'assurer le passage de la rivière aux troupes amies, et de l'intercepter à celles qui se seraient laissées entraîner à leur poursuite.

Les dispositions faites à Saint-Remy sont différentes [Pl. 4. fig. 3]. La redoute est couverte par le ruisseau, qui forme comme son avant-fossé ; il est probable que le gué avait disparu sous une inondation. Cette redoute était fermée de toutes parts, excepté à l'ouest, où elle s'ouvrait sur la Noblette pour les besoins de la garnison ; mais depuis qu'elle a servi à former l'enceinte d'un château qui n'existe plus et à l'établissement de l'église et du cimetière du village, ses remparts sont en partie effacés et applanis. Cependant ce qui est resté intact présente encore un relief considérable.

La seconde enceinte est un peu mieux conservée que la première, mais on reconnait que ses fossés moins larges et moins profonds avaient servi à former des remparts moins élevés. On remarque dans son pourtour une sorte d'ébauche de demi-lune et de bastion. Des connaissances militaires plus étendues pourraient retrouver la trace des parties effacées de ces grands ouvrages, et expliquer en détail l'objet des différentes dispositions que je me borne à esquisser.

Ces retranchements de Saint-Remy sont connus de tout le monde, cependant je ne sache pas qu'on ait jamais cherché à se rendre compte de leur objet. La première fois que je les vis, ils excitèrent vivement ma curiosité ; on ne peut les visiter sans les encadrer aussitôt dans l'ensemble des dispositions faites par Attila pour fortifier son champ de bataille. Ils n'ont rien de commun avec les enceintes que la plupart des villages de cette partie de notre ancienne frontière, surtout les villages situés sur la Suippe, avaient établi pour se mettre, dans les temps d'anarchie et de désordre, à l'abri des incursions des gens de guerre, qui faisaient de la Lorraine leur place d'armes et leur lieu de retraite. Ici on voit une double enceinte, et ces deux enceintes en partie effacées et évidemment antérieures au percement du village qui a été calqué sur le même plan, n'auraient garanti qu'une partie des habitations voisines, tandis qu'ailleurs une enceinte unique enveloppe toutes les maisons, est subordonnée dans son tracé aux contours du village, et remplit encore aujourd'hui le même office qu'à l'époque de son établissement.

14 D'après l'itinéraire d'Antonin, *Fanum Minervæ* était la première station sur la route de Reims à Metz par Toul. Était-ce un temple; était-ce une ville ou du moins un assemblage d'habitations? Il ne reste pas plus de vestiges de cette station que de celle d'*Ariola*, qui venait après *Fanum* sur la même route.

Dans tous les cas, quelle était la position de l'un et de l'autre; c'est un point qu'il me paraît intéressant d'éclaircir.

Voici, d'après Bergier, la copie de cet itinéraire.

ITER A DUROCORTORO DIVODURUM USQUÈ. — M. P. 87, Sic;

(De Reims à Metz par Toul.)

Fanum minervæ	14	
Ariolam.	16	
Caturigas.	9	
Nasium	9	86
Tullum	16	
Scarponam	10	
Divodurum.	12	

On voit d'abord qu'il y a erreur dans le nombre total ou dans l'un des nombres particuliers de cet itinéraire, car l'un étant 87, l'addition des autres ne donne que 86.

Je bornerai mes recherches aux quatre premières distances.

La position de *Nasium* (Naix), ainsi que celle de Caturigas (Bar-le-Duc), étant connues, du moins à quelques différences près, si je mesure, sur la carte de Cassini, la distance entre ces deux lieux, et que je la porte de Bar vers Reims, je devrai tomber à peu près sur Ariola : or cette distance est de 11,550 toises pour neuf milles romains, ce qui donne 1283 toises par mille. Etant portée vers Reims, on trouve qu'*Ariola* devait être placé à peu près à la limite des départemens de la Meuse et de la Marne. De là à Reims au centre de la place royale, la distance effective est de 40,298 toises (78,168^m). Si cette distance ne représentait que 30 milles, suivant l'itinéraire, chaque mille serait de 1343 toises, ou si chaque mille est de 1283 toises, cette distance ne devrait être que de 38,490 toises; il existe donc une erreur dans les deux dernières distances, et au lieu de 30 milles de Reims à Ariola, il faut compter nécessairement 31 milles. Maintenant, est-ce la première ou la seconde distance qui est erronée?

La distance totale du centre de la place de Reims au clocher de Naix, est de 63,236 toises (123,248^m) pour 49 milles, ce qui donne 1,290 toises, ou 2,515 mètres pour un mille.

En portant depuis la place de Reims, 35,210^m, valeur de 14 milles, vers Nasium, on tombe à environ 500 mètres au-delà d'un point où se trouvent quelques débris d'antiquités.

En effet, il existe dans un fonds, vis-à-vis *Vadenay* [Pl. 2.], à côté de la Voie-Romaine, des fragmens de tuiles antiques, de briques et de silex épars dans les champs voisins, lesquels doivent avoir appartenu à une ancienne construction; on y a même ramassé, tout récemment, chose extraordinaire dans cette partie de la Champagne, un fragment de granit. Ce lieu est le seul où l'on puisse placer *Fanum Minervæ*, car jusqu'à la Cheppe, qui se trouve trois milles plus loin, il est impossible de découvrir, le long de la route, les moindres vestiges de construction. *Fanum* était donc un simple temple dédié à *Minerve*, isolé de toute habitation.

Si l'on porte ensuite 42,755^m, valeur de 17 milles, toujours vers *Nasium*, on tombe à 337 mètres en-deçà de la limite des deux départements, et c'est là que devait se trouver *Ariola*. L'aspect des lieux confirme assez cette induction; car, au point où l'ancienne voie romaine entre dans une pièce de terre nommée le *Grand-Champ*, dépendant de la ferme de la *Tuilerie*, son relief, qui depuis Reims s'était bien conservé, et qui se retrouve à la sortie de ce même champ, s'efface et disparaît totalement. Je crois pouvoir en conclure que là existait un village de cinq à six cents mètres d'étendue, dans l'intérieur duquel la route restait au niveau du sol, et se confondait avec le plain-pied des habitations. Ce village devait être construit en bois et en matériaux de peu de durée ; car on n'aperçoit, à la surface du sol, aucun débris de construction.

Ariola étant à 77,965^{m} de Reims, il resterait jusqu'à Nasium 45,283^{m}, ce qui cadre à quelques centaines de mètres près avec les distances de l'itinéraire. Il faut observer, d'ailleurs, que Naix n'occupe pas précisément la même place que Nasium.

Cependant, ni Fanum ni Ariola ne correspondent exactement avec les bornes milliaires indiquées ci-dessus. Cela ne surprendra pas, si l'on fait attention que les distances, étant cotées en nombres ronds, on a dû désigner Fanum ainsi que les autres stations, par le mille qui en était le plus rapproché, lequel pouvait tomber à cinq ou six cents mètres en-deçà ou au-delà de la position que le lieu occupait réellement.

Il suit de-là, que la valeur du mille de l'itinéraire d'*Antonin* était d'environ 1,290 toises ou 2,515^{m}; que Fanum Minervæ se trouvait vis-à-vis Vadenay, et Ariola dans le grand champ au-delà de la tuilerie.

Delisle a fixé l'emplacement de Fanum Minervæ à 130 toises à l'ouest du camp d'Attila, sur le bord de la Noblette. Il est vrai qu'il existait autrefois en ce lieu une chapelle appartenant à l'ordre des Templiers, lesquels possédaient beaucoup de terres dans les environs du camp, et c'est là, sans doute, l'origine de l'opinion émise par ce savant géographe; mais comme cette opinion ne s'accorde ni avec les monuments ni avec les documents historiques que j'ai pu consulter, je pense qu'elle ne peut pas faire autorité.

15 Il y eut, pendant les sept à huit jours qui précédèrent la grande bataille, plusieurs engagements très-vifs, en avant et au pied de la colline dont Attila voulait à tout prix conserver la possession. Il paraît que l'un de ces engagements fut tellement meurtrier que la plaine resta jonchée de cadavres, et que les habitants de Suippe, appelés pour enterrer les morts, désignèrent entr'eux ce champ de carnage comme étant celui où la grande bataille s'était livrée, circonstance dont la tradition a perpétué le souvenir, en attachant à ce même champ de bataille le nom vulgaire de *l'ahan des diables*, qu'il porte encore aujourd'hui, et sous lequel il est désigné par la carte de Cassini.

Ahan, dans le langage du pays, signifie époque des semailles, et *ahanner* constitue l'opération d'enterrer le froment; en sorte que les cadavres mis en terre furent ahannés, et que l'Ahan des diables signifie le lieu de l'enterrement des diables. L'épithète de *diable* se conçoit, étant appliquée par la superstition populaire à des brigands aussi formidables que les Huns; soit que cette épithète désignât la couleur de leur peau noircie par le soleil, (il est dit d'Attila qu'il était *colore subfusco*,) et semblable à celle que la superstition attribue au diable; soit qu'elle voulût par là signaler leur cruauté et leur méchanceté diaboliques.

16 On sait que la fête de Pâques est fixée au premier dimanche qui suit la pleine lune de mars. Pâques tombant cette année le 17 avril, je place la pleine lune de mars le 15, et par conséquent celle d'août le 10 septembre, jour de la bataille. On pourrait l'avancer de quelques jours, ou mieux encore la retarder sans affaiblir en rien l'importance de cette induction.

A cette occasion je releverai une erreur de Jornandès.

Cet auteur avance qu'Attila, craignant que les armes ne lui fussent pas favorables, se décida à attaquer à trois heures après midi, afin, dit-il, de pouvoir échapper à une défaite entière à la faveur des ténèbres de la nuit. Il est évident que la nuit, au lieu de couvrir la retraite d'Attila, devait favoriser la poursuite d'Ætius; c'est donc celui-ci qui a choisi l'heure du combat. Ætius voyant Attila se couvrir de retranchements, était impatient de l'attaquer, ce qu'il fit aussitôt que ses derniers renforts l'eurent rejoint. Si Attila n'eut pas été attaqué à l'improviste, il ne serait pas arrivé trop tard pour occuper le sommet de la colline qui dominait son champ de bataille, et, en prenant l'initiative de l'attaque, il y serait arrivé le premier, car il en était plus raporoché qu'Ætius.

« 17 Les Huns se rallièrent vers le ruisseau : ils y furent accueillis
» par des troupes fraiches et firent volte-face. Les Romains, encouragés
» par leurs premiers succès, les attaquèrent vivement; Attila voyant
» que le gain ou la perte de la bataille dépendait de ce point critique,
» accourut avec de nouvelles forces. Ætius, qui ne voulait pas manquer
» une occasion aussi favorable de décider de la bataille en sa faveur,

» vint avec Thorismond se mettre à la tête des combattants. Il fit » avancer des gros de cavalerie pour soutenir l'infanterie, le combat » fut violent et opiniâtre. On s'y battit à découvert, sans aucune ruse, » avec tout le courage qu'on peut attendre de troupes et de braves » soldats animés par la présence de leurs généraux. » (Mercure des 16 avril et 14 mai 1755.)

Cette description extraite du mémoire de M. de *Trasse*, semble avoir été composée exprès pour dépeindre le passage de la Noblette. Cependant elle s'applique, selon l'auteur, à un autre champ de bataille et au passage d'un autre ruisseau. Je la cite parce que si elle confirme mon système, elle n'affaiblira en rien la réfutation que je me propose de faire de celui de Grosley, dans le deuxième chapitre de cet écrit.

17 D'après les historiens, le nombre des hommes tués, tant de part que d'autre dans la bataille, surpasse toute croyance.

Jornandès, qui est un des plus modérés, la porte à.. 162,000 h^mes^.

Vient ensuite *Idace*, qui ne l'évalue pas à moins de.. 300,000 *id.*

Sauf cependant un petit correctif (300 *fermè* millia hominum), qui prouve qu'il n'était pas bien sûr de cette évaluation.

Le même auteur. selon une citation de Grosley, que je n'ai pas pu vérifier, dit qu'Attila, dans une bataille qu'il livra à Théodoric, sous les murs d'Orléans, tua 200 mille Goths et perdit lui-même 160 mille hommes.

Isidore de Séville, adoptant la version d'Idace, son compatriote, rapporte que les Goths commandés par Thorismond, combattirent avec tant de courage, que du *premier au dernier jour*, ils tuèrent presque 300 mille hommes . . . . ci 300,000 h^mes^.

Je ne m'arrête pas à relever l'erreur qui attribue tout l'honneur de la bataille aux Goths et à Thorismond, mais je ferai remarquer qu'il y eut, d'après notre auteur, plusieurs combats successivement engagés, et qu'on en vint aux mains plusieurs jours de suite sur le même champ de bataille de *Mauriac*.

Grosley, plus modéré que ses devanciers, admet, sans indiquer la source où il a puisé cette évaluation, qu'il y eut dans la bataille 170 mille morts, dont 120 mille et plus de l'armée d'Attila. ci 170,000.

Je n'hésite pas à rejeter toutes ces évaluations. Il n'y a peut-être pas dans les anciens historiens, Grecs, Romains ou autres, un seul fait de ce genre qui ne soit exagéré ; lorsqu'il s'agit des Barbares surtout, on ne se fait aucun scrupule de les étendre par centaines de mille sur le carreau ; comme si ces hommes forts, robustes et courageux, inférieurs seulement par la discipline aux armées des peuples civilisés, ne fussent pas de caractère à vendre chèrement leur vie et se laissassent égorger comme de paisibles agneaux, sans rendre coup pour coup, blessure pour blessure, mort pour mort à leurs ennemis.

La vraisemblance, à défaut de renseignements dignes de foi, m'a guidé dans les chiffres que j'ai cru devoir adopter, tant pour le dénombrement des forces respectives aux diverses époques de l'invasion, que pour les pertes essuyées par Attila devant Orléans, à Méry et à Mauriac.

Qu'on me permette d'en présenter ici le résumé.

Attila passe le Rhin à la tête de 400,000 hommes.

1re ÉPOQUE. A l'ouverture du siége d'Orléans, son armée était ainsi composée :	Corps d'observation de l'Alsace.	56,000	sous Théodoric.
	Idem de l'Aisne.	40,000	— Andagèse.
	Idem H.te-Seine.	60,000	— Wolomir.
	Garnisons de la Moselle, de la Meuse et de la Marne.	44,000	
	Pertes depuis le passage du Rhin par maladie ou autrement.	50,000	
	Corps d'armée devant Orléans.	150,000	Attila. Ardaric. et Vendemir.
	TOTAL.	400,000 hommes.	

2e ÉPOQUE. Au moment de la bataille de Mauriac.	L'armée avait perdu dans la 1re période de l'invasion	50,000	145,000		400,000 hommes
	devant Orléans	55,000			
	dans la retraite	40,000			
	Il lui restait :	Sur la Meuse et la Moselle		25,000	
		Sur le champ de bataille		230,000	

3e ÉPOQUE. Au moment où elle repasse le Rhin.	Elle avait perdu.	Comme ci-dessus. . .	145,000	275,000	400,000
		Dans la bataille, tués et blessés.	90,000		
		Dans la retraite, par maladie, blessure, désertion, etc. . .	40,000		
	Il lui restait.	Sur la Meuse et la Moselle.	25,000	125,000	
		Dans les rangs. . . .	100,000		

L'armée combinée, le jour de la bataille, présentait un effectif de 193,000 hommes : savoir :	Alains, commandés	par Sangiban . .	18,000 h.
	Bourguignons *id.*	par Gondebauld	30,000
	Francs, *id.*	par Mérovée . .	35,000
	Visigoths, *id.*	par Théodoric et Thorismond.	50,000
	Romains, Gaulois, Belges, Saxons, commandés par Ætius.		60,000
		TOTAL.	193,000 h.

Sa perte dans la bataille fut de 45,000 hommes.

Ætius escorta Attila jusqu'au Rhin avec 45,000 hommes, dont 15,000 Français.

19 « *Ætius secum habens Francos, socium direxit post tergum Hunnorum quousquè* Thuringiam. *A longè prosecutus est, præcepitque suis ut unusquisque nocte ubi manebat decem sparsim focos foveret, ut immensam multitudinem simularent.* » (Idatius.)

20 Le noble caractère que Saint-Loup déploya en présence d'Attila, lors de l'occupation de Troyes par ses troupes, avait fait impression sur le barbare. L'estime et la confiance furent le prix de la modération et de la sagesse de sa conduite. Dans sa détresse, Attila se souvint du saint évêque, et soit qu'il l'eût emmené avec lui après l'affaire de Méry, soit qu'il eût seulement réclamé son assistance au moment de s'acheminer vers le Rhin, il est certain qu'il s'en fit comme un bouclier contre l'exaspération des provinces qu'il avait à traverser, et qu'après s'être servi de son patronage pour se mettre

à l'abri des vengeances qu'il prévoyait et que ses ravages n'avaient que trop provoquées, il le renvoya ensuite honorablement à la tête de son troupeau.

21 Le *tumulus* de Poix [Pl. 4, fig. 2] est autant par sa position que par sa forme et par sa grandeur, l'un des plus remarquables qui existent.

Sa forme est oblongue ou elliptique, et son grand axe est orienté, d'où l'on doit conclure que c'est le tombeau d'une seule personne dont le corps a été déposé au sein de la terre, entier, intact et sans avoir reçu les honneurs du bûcher.

Sa position dans un bas-fond, dominé à peu de distance par une colline qui le dérobe en quelque sorte aux regards, ne permet pas de douter qu'il ne recouvre le lieu même où un personnage éminent a succombé.

Sa grandeur atteste à la fois l'éminence de ce personnage, et la multitude des bras qui l'ont consacré à sa mémoire.

Si ce *tumulus* n'est pas le tombeau de Théodoric, de quel prince, de quel chef fameux recouvre-t-il les restes ? Si Théodoric a été tué à la bataille de Mauriac, comme il n'est pas permis d'en douter, où est son tombeau? peut-on supposer qu'il ne lui ait été élevé aucun monument ?

Quoique les formes de cette masse de terre aient subi quelque altération, quoique leur régularité ne soit plus entière, que le sommet ait été évidemment déprimé et les flancs minés par de nombreuses excavations, cependant dans son état actuel son grand axe a encore 83^{m} 40^{c} de longueur (plus de 250 pieds), et sa hauteur est de 13^{m} 24^{c} (plus de 40 pieds).

En lui restituant ses dimensions primitives, on trouve que la masse des terres rapportées pour former ce *tumulus*, est de plus de 25 mille mètres cubes ; ce qui représente le travail de plus de douze mille journées d'ouvriers. Comme on n'a pu, dans un espace aussi resserré, employer que 1,500 à 2,000 ouvriers au plus à la fois, il a fallu huit jours au moins pour le terminer. Il a cela de remarquable que le sol, aux environs, ne présente aucune trace d'excavation; les terres ont donc été prises à sa surface, sur peu de profondeur, peut-être six décimètres, et par conséquent dans une étendue de plus de quatre hectares. Le sol est uni et la couche végétale, qui a dû être enlevée, s'est reformée par le laps du temps, en sorte qu'elle existe partout sans aucune altération.

22 La butte, ou le *cône* de Nantivet [Pl. 4. fig. 4.], a été évidemment formée avec les terres de la partie de cette place d'armes dont l'enceinte est effacée. A quel dessein un travail aussi considérable eût-il été entrepris, s'il n'avait pas eu pour objet de conserver le souvenir de quelque grand événement? Quoi de plus inutile, de plus insensé même, que d'amonceler péniblement dans un lieu écarté, au milieu d'un marais, loin de toute habitation, une masse de 11 à 12,000 mètres cubes de terre, absolument impropre par sa position, par sa forme, par sa nature, à tous les usages industriels, agricoles, civils ou militaires du pays? Si la destination que j'assigne à cette pyramide paraît douteuse, je demande qu'on veuille bien en donner une autre explication.

23 *Les mottes* ou cônes de Bussy, sont en quelque sorte encore plus étonnants que le *tumulus* de Poix; on ne peut méconnaître au premier aspect que ce sont les monuments de quelque grande action; de même que le cône de Nantivet, ils ne sont propres à aucun usage et cependant ils sont le résultat d'un travail prodigieux.

Leur disposition respective n'offre ni symétrie, ni régularité. Chaque cône paraît occuper la place qui a offert le plus de facilité pour l'approche des terres dont il est formé. Leurs dimensions sont inégales, et cette inégalité ne peut s'expliquer, selon moi, que par le nombre, le rang, ou la valeur des troupes qui les ont élevés.

Ces masses sont circulaires à leur base et s'élèvent en forme de cône dont le sommet a été plus ou moins déprimé. Il paraît que dans le moyen âge ils ont servi, comme celui de Nantivet, de base à des tours ou observatoires, du haut desquels des védettes pouvaient annoncer l'approche de l'ennemi. Les vestiges de ces constructions n'ont pas entièrement disparu; on fouillait encore, dit-on, il y a peu d'années, les matériaux de leurs fondations au sommet de l'un des cônes de Bussy et dans celui de Nantivet. Leurs talus sont réguliers et se soutiennent à l'aide d'un gazon bien enraciné, sous une inclinaison qui varie de un et un quart à un et demi de base pour un de hauteur.

Le premier cône à l'ouest est le plus élevé, c'est aussi celui qui se présente dans le meilleur état de conservation. Il a 205 mètres de circonférence à la base et 53 mètres au sommet. Sa hauteur est de 17 mètres, (52 pieds 5 pouces), et son volume de 23,000 mètres cubes.

Le second, qui n'est séparé du premier que par un intervalle de 35 mètres, se trouve également dans un bon état de conservation. Il a 177 mètres de circonférence à sa base, 74 mètres au sommet, ce qui indique qu'il a été fortement déprimé, et le sol sur lequel il repose étant inégalement nivelé dans son pourtour, sa hauteur varie de 11 à 14 mètres; son volume actuel est d'environ 14,000 mètres cubes: il a pu être primitivement de 15,000 mètres.

Le troisième, séparé du second par le chemin du village, en est distant de 89 mètres. Il a subi une forte altération. Son sommet, après avoir été abaissé de plusieurs mètres, a été occupé par un moulin à vent, auquel on arrive par une rampe en spirale, de construction moderne, qui enveloppe la moitié du cône et a fait disparaître une partie de ses talus.

Le pourtour de cette butte à son sommet, est de 75 mètres, à peu près le même que celui de la seconde, mais à un niveau inférieur de deux mètres, ce qui annonce que son élévation primitive était moindre que celle des deux autres. Son volume a pu être de douze à treize mille mètres cubes. C'est ce cône dont j'attribue la formation aux Bourguignons, moins nombreux que les Visigoths, qui ont dû élever le second, cédant eux-mêmes, dans cette circonstance, le premier rang aux Romains, dont le premier cône est l'ouvrage.

Les officiers, les principaux chefs, après avoir reçu les honneurs du bûcher, ont dû être déposés au centre de ces pyramides qui étaient à la fois des trophées et des monuments de deuil et de regrets. Quant à la foule des soldats, elle fut ensevelie pêle-mêle sur les bords de la rivière, et sur tous les points où la mort les avait frappés; leurs restes se retrouvent partout. Il y a peu d'années encore, un particulier de Bussy, en creusant la fondation d'une grange, à côté du moulin, découvrit, à deux pieds sous terre, une quantité considérable d'ossements ou plutôt des squelettes entiers très-bien conservés.

24 Deux *tumulus*, ou selon le langage du pays, deux *tombelles* existaient encore il y a peu d'années sur la rive gauche de la Noblette,

en face de la Cheppe [PL. 5.]; l'une d'elles a été fouillée en 1806. On a trouvé au centre de cette tombelle, dans une fosse de deux mètres de longueur sur un mètre de largeur, et autant de profondeur, creusée au-dessous du niveau du sol, sur un lit de terre sablonneuse, battue et très-sèche, quatre urnes cinéraires, une rouge, deux noires et une quatrième de couleur cendrée, lesquelles étaient recouvertes de patères, et contenaient une terre noirâtre et beaucoup de petits os. Le relief de cette tombelle est entièrement effacé.

La seconde présente encore, dans son état actuel, une forme rectangulaire de vingt mètres de côté, sur environ trois mètres de hauteur. Les fouilles ordonnées, il y a environ 70 ans, par M. Pelletier de Beaupré, alors intendant de la province de Champagne, furent trop superficielles pour produire aucun résultat.

Ces *tumulus* sont distants l'un de l'autre de cent mètres, et du camp retranché, de 600 mètres. Ils déposent de la vivacité des engagements qui eurent lieu en avant de Mauriac, pendant les jours qui suivirent la bataille, et avant qu'Attila, cerné dans son camp, manquant de tout, réduit aux abois, ne consentît à traiter avec Ætius, et à se mettre en marche pour retourner au-delà du Rhin.

25 Deux autres *tumulus*, placés à égale distance entre les villages d'*Auve* et de *Lacroix*, ont été fouillés en 1766; on y a trouvé, comme dans celui de la Cheppe, des urnes cinéraires, des ossements, et de plus, des armes et des restes de bûcher.

C'est sur cette hauteur que l'aile droite d'Attila ayant été forcée de plier, se retira le soir de la bataille, et qu'elle continua de se battre les jours suivants jusqu'à ce que les deux chefs fussent entrés en arrangement.

26 Enfin, un dernier *tumulus* très-bien conservé se voit encore à peu de distance de la source de la Noblette, et se rapporte évidemment à la même action.

Cet ensemble d'ouvrages prodigieux, épars dans un rayon de deux à trois lieues, n'offre-t-il pas une preuve convaincante que quelque événement mémorable, extraordinaire, s'est accompli dans la plaine où ils se trouvent ainsi rassemblés?

[27] Je crois utile de retracer ici l'itinéraire d'Attila tel que je le conçois d'après les documents historiques que j'ai consultés.

Passage du Rhin dans les derniers jours de mars. Toute l'armée est rendue sur la rive gauche, le premier avril 451.

Des bords du Rhin à Trèves (environ 26 lieues), six jours de marche, deux jours de repos à Trèves; de Trèves à Metz, (20 lieues), cinq jours de marche; reconnaissance et investissement de Metz, deux jours.

Prise de Metz, le 16 avril. (Grégoire de Tours.)

Repos sur la Moselle, réorganisation, mise à contribution du pays, dix jours; départ de Metz le 26 avril.

De Metz à Verdun, quatre jours; séjour sur la Meuse, quatre jours; de Verdun dans les plaines de la Champagne, huit jours. Revue générale, deux jours.

Entrée à Reims, le 15 mai. (Résumé de l'histoire de Champagne.)

Repos sur la Marne, réorganisation, reconnaissance de l'Aisne, dislocation, quinze jours.

Départ de Reims, le 1er juin.

De Reims à Pont-sur-Seine, pays coupé, difficile, huit jours; occupation de Troyes, séjour sur la Seine, quatre jours; de Pont à Orléans, y compris deux séjours, douze jours.

Arrivée devant Orléans, le 24 juin. (Vie de Saint-Aignan.)

L'investissement et le siége durent 49 jours. Ætius arrive le 12 août. Les dispositions pour l'attaque des lignes d'Attila durent deux jours.

Levée du siége d'Orléans, le 15 août. (Vie de Saint-Aignan.)

Retraite précipitée, jusqu'à la Seine, huit jours; bataille de Méry, les 22 et 23 août; arrivée à Châlons le 28. Campement dans la plaine de Mauriac, le 30 août. Travaux des lignes, préparatifs, réorganisation, dix jours.

Bataille de Mauriac, le 10 septembre. (...... ...)

On continue de se battre les 11, 12 et 13 septembre. On parlemente, une convention est signée.

Départ d'Attila, le 20 septembre.

Ayant plus de 80 lieues à faire pour regagner le Rhin, il n'a dû le repasser que du cinq au dix octobre, honteux et fugitif, six mois après l'avoir franchi en vainqueur et plein de confiance dans les rêves de son aveugle et insatiable ambition.

CHAPITRE SECOND.

Résumé des Historiens.

Après avoir établi sur des preuves que je crois irrécusables l'histoire de cette mémorable expédition, il me reste à reproduire et à peser les témoignages de ceux qui m'ont précédé dans la même carrière; j'essaierai de donner une nouvelle force à l'opinion que j'ai émise en discutant les passages qui lui sont contraires et en réfutant les différentes objections qu'on pourrait lui opposer.

De tous ceux qui ont raconté l'invasion d'Attila et la catastrophe par laquelle elle s'est terminée, il paraît qu'aucun n'avait vu les lieux qu'il décrivait; presque tous étaient étrangers à l'art de la guerre, et le plus grand nombre parmi eux se présente à nous plutôt comme copistes que comme historiens. Des bruits lointains, des traditions vagues, des récits confus, tronqués, exagérés par la jactance ou par la peur, telles sont les sources où la plupart ont puisé les matériaux de leurs récits. Parmi les anciens un seul, Jornandès, est entré dans des détails qui paraissent puisés à une bonne source. Quant aux modernes, (et je range dans cette classe tous les écrivains postérieurs au 15e siècle,) j'ose dire que la plupart n'ont bâti que des fables ineptes et ridicules, ou du moins sans vraisemblance, avec des matériaux choisis sans goût et sans discernement. *Grosley* lui-même, *Grosley*, le plus accrédité, à juste titre, parmi eux, au lieu de redresser les erreurs de ses devanciers, et de chercher à faire concorder les faits, la tradition et l'histoire, en étudiant les lieux et les monuments dont il était comme entouré, a préféré bâtir un système dans lequel rapetissant la majesté de l'histoire aux dimensions étroites de l'esprit de localité, loin d'éclaircir ce qui était obscur et d'expliquer en juge impartial et intègre ce qui paraissait douteux ou mal interprété, il n'a fait que rendre les anciennes ténèbres en quelque sorte plus épaisses, et qu'ajouter de nouvelles erreurs à celles qu'il s'était proposé de réfuter.

Je commencerai par rapporter les témoignages des anciens historiens, me bornant aux points les plus saillants de leurs récits, à ceux surtout qui tendent à préciser le lieu où la bataille de Mauriac s'est donnée.

IDACE.

Idace, né à Lamégo, en Galice, vers la fin du quatrième siècle, est le plus ancien de tous ces historiens. Placé en 427 sur le siége épiscopal de Lamégo, il avait été député en 431 près d'Ætius, dans les Gaules, à l'effet de solliciter des secours contre les Barbares qui ravageaient alors l'Espagne. Il vivait encore en 468, il avait donc vu en quelque sorte lui-même ou du moins entendu de témoins oculaires le récit des événements qu'il a racontés. Ses chroniques portent d'ailleurs le caractère de la candeur et de la sincérité.

Voici ce qu'il dit de la guerre des Huns :

« *Gens Hunnorum, pace ruptâ, depredatur provincias Galliarum. Plurimæ civitates effractæ. In campis Catalaunicis, haud longè de civitate, quam effregerant*, Mettis, *Ætio duci, et regi Theodori, quibus erat in pace societas, aperto marte confligens, divino cæsu superatur auxilio : bellum nox intempesta diremit. Rex illìc Theodorus prostratus occubuit :* 300 *fermè millia hominum in eo certamine occidisse memorantur.* (Chronique, page 28, édition de 1619).

« Les Huns, après avoir rompu la paix, pillent les provinces des Gaules et ruinent un grand nombre de villes. Attaquant, en rase campagne, le roi Théodoric et le général Ætius, déjà alliés durant la paix, dans les champs Catalauniens, non loin de la ville de Metz qu'ils avaient détruite, ils sont vaincus avec le secours de Dieu. La nuit trop prompte fait cesser le combat. Là mourut le roi Théodoric, et l'on rapporte qu'il y périt environ trois cent mille hommes. »

Ce récit cadre de tout point avec celui que j'ai adopté. Écrivant au fond de l'Espagne, à 400 lieues du théâtre de l'événement, uniquement occupé de rapporter les traits les plus saillants de l'invasion, Idace doit considérer Metz et Châlons comme deux villes voisines, l'une ruinée par les Huns, l'autre témoin de leur défaite. On voit l'alliance d'Ætius et de Théodoric, la mort de ce dernier sur le champ de bataille, et le trait caractéristique des plaines Catalauniques, dont la nudité est dépeinte par ces mots *aperto marte* (bataille rangée en un lieu découvert), que l'historien emploie à dessein; le nombre des morts seul est évidemment exagéré, mais il n'est pas de grande bataille racontée par les témoins oculaires, même dans les temps modernes, qui n'ait donné lieu aux mêmes exagérations. Vingt mille hommes étendus sur le carreau présentent une affreuse boucherie; toujours le vaincu dissimule ses pertes, et le vainqueur les exagère. En supposant qu'Ætius ait eu la faiblesse de céder à cette puérile ostentation et de porter le nombre des morts du côté des Huns à deux cent mille hommes, Attila en a certainement rabattu plus des trois quarts s'il a fait son bulletin.

JORNANDÈS.

JORNANDÈS, Goth de nation et notaire du Roi des Alains, ayant embrassé le christianisme, monta sur le siége de Ravenne vers l'an 552. Son histoire des Goths, qui parut pour la première fois en 1515, écrite un siècle après l'événement dont nous parlons, contient le récit le plus circonstancié qui soit venu jusqu'à nous de l'invasion d'Attila et de la bataille de Mauriac, par laquelle elle s'est terminée. Jornandès est l'historien de la cour de Ravenne: on sent qu'il a dû puiser aux sources originales, c'est-à-dire dans les mémoires même d'Ætius, qui avait dû rendre à Valentinien un compte détaillé du succès des opérations militaires dont il lui avait confié la direction.

Je me bornerai à le traduire par extrait :

« Les deux armées s'assemblent dans les *champs Catalauniens* que l'on nomme aussi *Mauriciens* (Mauricii), lesquels ont cent lieues gauloises en longueur et soixante-dix en largeur, la lieue gauloise étant de 1500 pas. Cette portion de la terre devient donc l'arène de peuples innombrables; deux armées très-braves sont en présence, rien ne doit se passer furtivement: c'est dans un combat à découvert qu'elles vont se mesurer (*apertum martem certantur.*)

. . . .

» Mais avant de décrire le combat, il convient de rapporter les événements qui le précédèrent, car ils sont aussi nombreux et aussi compliqués que la bataille elle-même est importante.

» Sangiban, roi des Alains, craignant l'issue de cette guerre, avait promis à Attila de se livrer à lui et de mettre en son pouvoir Orléans, ville des Gaules, dont il était le maître. Théodoric et Ætius l'ayant appris, mirent cette ville, avant l'arrivée d'Attila, sur un pied respectable de défense.

» Ils placent au milieu d'eux Sangiban, dont ils se défient, avec ses troupes. Attila, déconcerté par ces mesures, se méfiant de ses propres soldats, craignant d'en venir aux mains et méditant une retraite, résolut de s'adresser aux aruspices pour connaître l'avenir.....

(Ils lui font de sinistres prédictions, mais lui promettent la mort d'un des généraux ennemis.)

» Inquiet de ces présages, Attila songeait cependant que, dût-elle être achetée par quelque perte, la mort d'Ætius, qui s'opposait à ses progrès, était pour lui d'une extrême importance; aussi le combat fut-il résolu; mais son habileté ne le lui fit engager que sur la 9e heure du jour, afin que s'il ne lui était pas favorable, il pût, à l'aide de la nuit qui approchait, se retirer, comme nous l'avons dit, à travers les champs Catalauniens (ou dans les champs Catalauniens). *Circa nonam diei horam prælium committit, ut si non secus cederet, nox imminens subveniret, converteret partes, ut diximus, in campos Catalaunicos.*

» Le terrain sur lequel on devait combattre, était légèrement incliné, et s'élevait en forme de colline, à une faible hauteur. Chaque armée désirait de s'en emparer: l'avantage de la position n'étant pas de peu d'importance pour le gain de la bataille. Les Huns occupaient la droite de la colline avec leurs alliés; les Romains, les Visigoths et leurs auxiliaires s'étaient établis sur la gauche. Renonçant à se disputer le sommet de la colline, Théodoric se rangea à l'aile droite avec ses Visigoths; Ætius à la gauche avec les Romains; Sangiban fut placé au centre, et on poussa la précaution jusqu'à envelopper par derrière, de troupes fidèles, celui sur la fidélité duquel on ne pouvait compter.....

» En face, l'armée des Huns fut disposée de manière qu'Attila occupait lui-même le centre avec ses troupes les plus braves... Ses ailes étaient composées de la foule des nations qu'il avait soumises. Parmi celles-ci se faisait remarquer le peuple Ostrogoth, commandé par Walamir, Théodemir et Widemir, frères d'extraction plus noble que le roi auquel ils obéissaient..... Le célèbre Ardaric commandait des légions innombrables de Gépides.

» Les armées ainsi disposées, la position avantageuse que nous avons décrite, devient le théâtre du combat. Attila dirige les siens vers le sommet de la colline; mais il est prévenu par Thorismond et Ætius, qui, gravissant avec effort la hauteur, s'en emparent les premiers, et de là portent facilement le trouble parmi les Huns, qui se présentent trop tard pour les en déloger.....

» On en vient aux mains, et alors commence une mêlée atroce, épouvantable, telle que l'antiquité n'en vit jamais; car s'il est permis d'ajouter foi aux vieillards, un faible ruisseau qui parcourait le terrain dont nous parlons, gonflé, non comme à l'ordinaire par l'eau des pluies, mais par le sang qui s'échappait des blessures, devint tout-à-coup un torrent..... Là, Théodoric, tandis qu'il parcourait les rangs de ses soldats qu'il exhortait à faire leur devoir, fut précipité de cheval, foulé aux pieds des siens, et atteint d'une mort prématurée.....

« Alors les Visigoths se séparant des Alains, se précipitent sur les bandes des Huns, et auraient massacré Attila s'il ne se fût promptement réfugié avec les siens dans le camp qu'il avait entouré de retranchements formés avec ses charriots de guerre.....

(Thorismond va se jeter la nuit dans le camp ennemi, est démonté, puis s'échappe. Ætius, égaré de même, revient dans son camp. Le lendemain, Attila, loin d'être abattu, fait sonner les trompettes pour le combat. Les Romains prennent la résolution de l'assiéger dans son camp. Attila fait dresser un bûcher avec les selles de ses chevaux, prêt à s'y jeter, lorsqu'Ætius, craignant qu'après la destruction des Huns, les Visigoths n'accablent les Romains, conseille à Thorismond de se retirer, en lui faisant appréhender les entreprises de ses frères contre sa couronne, une fois qu'ils seraient instruits de la mort de leur père.)

» Dans cette célèbre journée, on dit que, des deux parts, il resta cent soixante-deux mille hommes sur la place.....

(Attila croit d'abord que la retraite de Thorismond est une feinte; enfin il se rassure, puis se retire.)

» Thorismond, après la mort de son père, promu sur le moment même à la dignité royale dans ces champs Catalauniens (*in campis Catalaunicis*) où il avait vaincu, retourne à Toulouse. »

Malgré l'incohérence et l'obscurité de la première partie de ce récit, malgré la confusion des dates, des lieux et des événements, on y reconnait toutes les circonstances importantes de la bataille de Mauriac; ainsi, la configuration du terrain, la position des deux armées, leurs chefs, l'heure de la bataille, le passage de la Noblette, la mort de Théodoric, le blocus du camp d'Attila, la convention par laquelle il parvient à se tirer des mains d'Ætius; tous ces détails se lient, s'enchaînent et conviennent parfaitement au champ de bataille que j'ai indiqué. D'autres détails sont de pure invention; ainsi, le motif d'Ætius, pour laisser échapper Attila, est, selon moi, on ne peut pas plus mal imaginé. Sangiban est représenté comme un traître, et cependant on lui confie un commandement important le jour de la bataille: il est plus naturel de supposer, comme je l'ai fait, qu'Ætius était animé de préventions injustes contre lui; préventions motivées sur les négociations que ce chef avait entamées avec Attila, sans son aveu, dans les derniers jours du siége d'Orléans. Du reste, l'épisode le plus important de cette guerre, le siége d'Orléans et la poursuite si vive et si meurtrière des Huns depuis la Loire jusqu'au-delà de la Marne, sont passés sous silence, ou du moins sont à peine entrevus par l'historien.

Les dimensions que Jornandès assigne aux champs Catalauniens, où il dit que s'est donnée la bataille, ont fourni un texte d'objections contre lui. Mais il est évident que ne pouvant pas désigner sous un nom propre le lieu précis de la bataille, il a confondu à dessein le tout avec sa partie, disant la bataille des champs Catalauniens, c'est-à-dire la bataille qui s'est donnée en Champagne, comme il aurait pu dire, dans une autre occasion, la bataille donnée sur le Rhin, ou au-delà du Danube, ou dans la Mésopotamie, si aucune ville connue, importante, ne lui eût permis de la désigner sous un nom particulier. Mauriacus était probablement le nom propre employé dans le récit d'Ætius; mais Jornandès n'aura vu dans ce nom obscur qu'une épithète appliquée aux champs Catalauniens (*campi Catalaunici, qui et Mauricii vocantur*); il a fait plus, il a cru devoir altérer le mot Mauriacus, pour le remplacer par celui de Mauricius, qui lui a semblé plus significatif, comme s'il eût voulu désigner par là un pays placé sous l'invocation de *Saint-Maurice*.

Il serait par trop absurde de supposer que Jornandès a entendu que les deux armées se seraient mesurées sur un champ de bataille de cent lieues d'étendue. Les *champs Catalauniens*, tels qu'il les désigne, comprennent donc cette plaine immense, de tout temps nue et aride, qui a donné son nom à la Champagne. Il résulte des mesures qu'il rapporte que le pas gaulois serait de trois pieds, et la lieue gauloise *d'un tiers* de lieue commune de France, à peu près comme le mille anglais et germanique. En effet, en mesurant la longueur de la Champagne, à partir de la rivière d'Aisne, prise à Vouziers, jusqu'à deux lieues au-delà de Troyes, limites de la formation crayeuse, on trouve trente-trois lieues de 2,250 toises. Quant à la largeur, il faut, pour trouver les 23 lieues de France, qui donnent les 70 lieues gauloises de Jornandès, la prendre à partir d'*Ariola*, près de la rivière de Chée, jusqu'à la rivière d'Aisne à Berry-au-bac, ce qui excède un peu les limites de la Champagne proprement dite.

Danville, dans son traité des mesures itinéraires des Romains, fixe la longueur de la lieue gauloise à 1,133 toises un quart, ce qui fait juste la moitié en sus de celle qui se déduit de l'énoncé de Jornandès. Pour concilier ces deux versions, il faudrait supposer que les limites de la Champagne ne sont pas celles que je viens d'assigner, et alors je ne sais plus où il faudrait les prendre pour trouver 50 lieues ordinaires de France dans un sens, et 35 dans l'autre; car, pour obtenir la première mesure dans la direction nord et sud, il faut aller de la Meuse à l'Yonne, et si l'on part de Saint-Dizier, où commence le pays plat, on ne s'arrête qu'à Soissons, dans la direction de l'est à l'ouest, pour compléter la seconde. On est donc fondé à croire que Danville a confondu, dans cette occasion, le mille romain que j'ai prouvé à la 14e note du chapitre 1er, être de 1,290 toises, ou quelqu'autre mesure en usage dans les pays soumis à la domination romaine, avec la lieue gauloise de 1,500 pas, employée ici par Jornandès, et qui n'est que de 750 toises.

Un autre fait, que je tire de la statistique du département de l'Aisne, me porte à admettre qu'il y avait deux sortes de lieues gauloises, ou du moins usitées par les Romains dans les Gaules à cette époque; l'une, qui est représentée aujourd'hui par le mille anglais et germanique, et l'autre à laquelle répond le mille italique, lequel équivaut à une demi-lieue commune de France. En effet, on a trouvé, d'après cette statistique, à Vic-sur-Aisne, distant de 8,000 toises de Soissons, une borne milliaire dont l'inscription porte qu'elle a été placée à sept lieues de Soissons sous l'empire de Caracalla ; nous aurions donc ici la lieue de 1,143 toises qui est à peu près celle de Danville, importée par les Romains dans les Gaules, et la lieue de Jornandès serait celle des Gaules proprement dite, devenue seule en usage aussitôt que le pays aurait cessé d'appartenir aux Romains.

Au surplus il est possible qu'il n'y ait rien de bien précis dans l'énoncé de Jornandès, et que cet historien n'ait voulu désigner qu'approximativement les limites de la Champagne, sans attacher aucune importance à vérifier les dimensions qu'il leur assignait.

GRÉGOIRE DE TOURS.

(*Liv.* 2. *chap.* 6.)

Grégoire de Tours se présente le troisième dans l'ordre chronologique parmi les historiens de l'invasion. Né en 539, mort en 595, il a laissé une histoire de France qui embrasse une période de 174 ans, à partir de l'établissement des Francs dans les Gaules jusqu'à sa mort.

Il est très-laconique sur ce qui regarde Attila, cependant son témoignage n'est pas sans importance pour fixer le lieu de la bataille.

Voici ses expressions : « *Ætius et Theodoricus....... Attilam fugant, qui Mauriacum campum adiens, se præcingit ad bellum.* »

« Ætius et Théodoric mettent Attila en fuite, lequel se retire dans le camp de Mauriac (ou dans la plaine de Mauriac), et s'y prépare à une bataille. »

On peut inférer de ces expressions qu'Attila avait choisi lui-même son champ de bataille, et qu'il avait mis un certain nombre de jours à se préparer au combat. Du reste rien ne s'oppose à ce que *Mauriacus* ne soit considéré comme un nom propre et à ce que *campus Mauriacus* ne désigne les bords de la Noblette où s'élevait une bourgade inconnue jusqu'alors, portant le nom de *Mauriacus*.

ISIDORE DE SÉVILLE.

ISIDORE DE SÉVILLE, né en 570, était contemporain de Grégoire de Tours, et ami de Saint-Grégoire, qui le consultait souvent. Fils d'un gouverneur de Carthagène, il avait reçu une éducation distinguée; son érudition était immense : il savait le grec, le latin, l'hébreu........ mais il manquait de goût et parfois même de jugement. Comme écrivain, il mérite les plus grands égards, et avant la renaissance de la critique historique, il occupait parmi les historiens un des rangs les plus distingués.

Il rapporte que la bataille s'est donnée dans la plaine de Mauriac, « *ubi Mauriacus campus tribus leucis Catalauno abest.* »

Rien de plus positif que cette expression. Peut-on supposer que la distance de trois lieues, qui précise si bien le lieu de la bataille, soit un jeu de l'imagination de l'historien; est-ce par hasard que la topographie s'accorde si exactement avec l'histoire? Cette distance de trois lieues justes, qui se trouve depuis Châlons jusqu'au camp d'Attila, a-t-elle été intercalée après coup par une main infidèle, ou n'est-elle pas plutôt l'énoncé exact d'un fait généralement connu, qui est venu se placer tout naturellement sous la plume de l'écrivain.

FREDEGAIRE.

(CHRONIQ. *Liv.* 3.)

Après Isidore de Séville, vient FREDEGAIRE, né français, (probablement en Bourgogne,) auteur estimé d'une chronique qu'il paraît avoir composée en partie d'après Saint-Jérôme, Eusèbe et Idace. Il vivait encore en 658. Voici ce qu'il rapporte de la bataille :

« *Hunni repedentes Tricassis, in Mauriacensi consident campaniâ.......................... Thorismundus cum Attila, Mauriaci confligit certamine; ibique tribus diebus utræque phalanges invicem preliantur et innumerabilis gentium multitudo occubuit.* »

« Les Huns *repassant par Troyes*, prennent position dans la plaine de Mauriacus.............

» Thorismond livre bataille à Attila dans un lieu nommé Mauriacus. La bataille dure trois jours; une multitude innombr able périt. »

C'est par erreur que Fredegaire attribue tout l'honneur de la bataille à Thorismond; à cela près, son récit nous révèle deux circonstances importantes : la première, que la bataille a dû se donner sur la rive droite de la Seine, puisque les Huns ne s'arrêtent qu'après avoir repassé par Troyes; la seconde que l'on se battit pendant trois jours, c'est-à-dire qu'Attila, renfermé dès le second jour de la bataille dans son camp, ayant en avant de ses lignes des forces imposantes, et au loin des corps détachés encore très-nombreux, courut plusieurs jours de suite la chance des combats, et que ce n'est qu'après de longs efforts et une lutte opiniâtre qu'il se décida à capituler.

Il paraît au reste que Fredegaire avait emprunté cette première circonstance à Idace, car il dit absolument dans les mêmes termes : que les Huns, *après avoir repassé par Troyes*, (repedentes Tricassis,) prennent position dans la plaine de Mauriac.

EGINHARD.

EGINHARD, secrétaire et gendre de Charlemagne, qui mourut en 839, se sert des mêmes expressions que Fredegaire. Il dit que la bataille eut lieu *in Mauriacensi campaniâ*, dans la plaine de Mauriac.

SAINT-AIGNAN.

L'auteur de la vie de SAINT-AIGNAN, évêque d'Orléans à l'époque du siége, rapporte qu'après la levée du siége, où Attila fut battu par Ætius, le Hun chercha avec les débris de son armée un refuge dans la fuite jusqu'à ce que cette armée, digne de périr par le glaive, trouva, par le jugement du seigneur, sa sentence de mort dans un lieu nommé Mauriac.

« *Reliqua pars Hunnorum fugæ præsidium expetit; donec, judicante Domino, in loco qui vocatur Mauriacus, trucidanda gladiis, mortis sententiam expectaret.* »

Bataille devant Orléans, retraite précipitée, nouvelle bataille dans la plaine de Mauriac, tous ces faits cadrent parfaitement avec le système que j'ai suivi, et l'on peut même dire qu'ils ne se prêtent à aucune autre interprétation.

Il me paraît clairement établi par les témoignages que je viens de rapporter :

1° Qu'Attila a été défait devant Orléans.

2° Qu'il a battu en retraite vers les plaines de la Champagne.

3° Qu'après avoir repassé la Seine, il a livré une seconde bataille qui a mis fin à son invasion.

4° Que cette bataille s'est donnée dans les champs Catalauniens, près d'un lieu nommé Mauriacus, distant de trois lieues de la ville de Châlons.

Les auteurs modernes renferment plus d'erreurs, ou sont moins d'accord entre eux et exigent par conséquent une plus longue réfutation que les anciens. Cependant je n'entrerai dans des développements de quelqu'étendue qu'à l'égard de Grosley, celui de tous qui a le plus contribué à faire perdre le fil de la vérité historique. Son nom est d'une telle autorité en cette matière, qu'on ne saurait trop se hâter de lui enlever le bénéfice de la prescription.

Sans m'attacher rigoureusement à l'ordre des dates qui est ici sans intérêt, je passerai d'abord en revue les témoignages les moins importants.

NOGUIER.

Antoine Noguier, dans son *histoire Tolosaine*, prétend qu'Attila descendit d'abord en Suisse, qu'il prit Constance, Bâle et Strasbourg, et de là conduisit son armée à Reims............ que les forces combinées des Romains et des Visigoths l'attendirent à Toulouse, et que la bataille fut donnée en un champ qui se nomme les *Cathalens*, ou selon d'autres les *Cathaires*, distant de Toulouse d'environ sept lieues, dans la direction de Carcassonne. Il ajoute qu'Attila fit sa retraite par Reims d'abord, ensuite par Troyes où Saint-Loup l'adoucit.

Il fixe la bataille à l'an 444 de notre ère, de la fondation de Toulouse 1727, de Rome 1159, du monde 5643.

Le récit trop peu circonstancié de *Paul Diacre* est sans doute la source où l'auteur a puisé l'indication de la route suivie par Attila pour se rendre à Reims, et sous ce rapport on n'a qu'une demi-erreur à lui reprocher. Car si l'on veut concilier tous les historiens et ne pas regarder comme une fable le témoignage de *Paul-Diacre*, il faut admettre qu'un corps de Huns a passé le Rhin à Basle et a occupé l'Alsace après avoir battu les Bourguignons.

Mais les plus simples notions de la géographie et de l'histoire, je dirai même du bon sens, suffisent pour repousser comme invraisemblables, comme impertinentes et absurdes les autres parties de cette narration. Une sorte de consonnance entre le mot *Cathalens* et les *campi Catalaunici* de Jornandès a pu seule servir de base à ce système qui ne soutient pas l'examen.

MARIANA.

Dans son histoire d'Espagne, traduite en français par le père Charenton, Mariana raconte que la bataille s'est donnée dans les plaines Catalauniques; mais le traducteur, qui était probablement Bourguignon, rend le mot *Catalaunis* par la Bourgogne, autre bévue qui ne mérite pas de réfutation.

PAPIRE MASSON.

Papire Masson, dans son livre des *Calamités des Gaules*, après avoir disserté longuement sur la bataille, ajoute qu'il n'est pas possible de déterminer au juste l'endroit où elle s'est donnée, ce qui lui fait dire que quelque devin ou quelque fée en a voulu dérober la connaissance à la postérité.

« *Campi Mauriaci peculiari et proprio nomine sunt distincti, in quibus contra Hunnos fortissimè dimicatum est, quod loci nomen Divus aliquis aut Diva forsitan ignotum reddidit.* »

Il n'a pas fallu à l'auteur un grand effort d'imagination pour trouver cette singulière explication de l'obscurité ou des contradictions qu'il avait pu remarquer dans les récits de ses devanciers. Cependant on se permettra de lui reprocher d'appeler trop facilement la *machine épique* à son secours; il a oublié que le poète recommande de la tenir en réserve et de ne l'employer que dans les grandes occasions.

Nec Deus intersit, nisi dignus vindice nodus
Inciderit.............

ADRIEN DE VALOIS.

Adrien de Valois a extrait des écrits de Grégoire de Tours, de Fredegaire et autres, une histoire des Gaulois et des Francs ou une *notice des Gaules*, qui s'étend depuis l'année 254 jusqu'en 752.

Il assure que la bataille s'est donnée dans la plaine de Méry-sur-Seine; d'où il conclut que Jornandès a confondu les plaines de la Champagne avec la plaine de Méry, prenant le tout pour sa partie.

Cette assertion n'étant appuyée d'aucune preuve, n'a d'autre mérite que d'être personnelle à l'auteur, et ne peut dès lors être d'aucun poids dans la discussion.

BURET DE LONGCHAMP ET DE GUIGNES.

Buret de Longchamp, dans ses *fastes universels*, de Guignes dans son *histoire des Huns*, ont adopté à peu près la même opinion qu'Adrien de Valois. Je ne les cite que pour compléter la liste de ceux qui ont fait des recherches sur Attila ou du moins qui en ont parlé.

TRASSE.

Trasse, chanoine de Troyes, qui a donné dans le Mercure d'avril et de mai 1753, une dissertation sur la bataille d'Attila, avait été long-temps curé de Romilly-sur-Seine, village situé entre Pont et Méry.

La vue d'une belle plaine, le nom de Mauriacus qu'il appliquait à la ville de Méry, les traditions populaires qui avaient conservé le nom d'Attila dans ces contrées, quelques accidents de terrain qui cadraient assez bien avec le récit de *Jornandès*, lui firent naître l'idée que la bataille avait dû se donner dans la plaine qu'il avait sous les yeux.

Il se livra à de nombreuses recherches, fit un examen détaillé des localités, et plein de conviction dans la bonté de son système, il composa sa dissertation qu'il est inutile de rapporter ici, attendu qu'elle diffère peu de celle de Grosley, que je vais bientôt analyser.

SABBATHIER.

SABBATHIER, secrétaire perpétuel de l'académie de Châlons, affecté de cette prétention nouvelle de l'abbé Trasse, qui enlevait aux champs Catalauniens la gloire dont ils étaient en possession depuis tant de siècles, d'avoir été le théâtre de cette fameuse bataille, lut, le 5 septembre 1764, à cette société, un mémoire sur le le lieu où Attila fut défait. Ce mémoire, inséré dans le Mercure d'avril 1765, ne renferme rien d'absolument neuf, et laisse toujours dans le vague la grande question qu'il s'agissait de décider.

GROSLEY.

J'arrive au plus redoutable de mes adversaires, au savant et ingénieux GROSLEY. Je lui dois d'autant plus de ménagements et d'égards, que l'académie de Châlons le comptait au nombre de ses associés libres, dès l'année 1754; c'est donc en quelque sorte un concitoyen, un confrère avec lequel je vais avoir le regret de me trouver en opposition.

Né à Troyes, en 1718, Grosley entreprit, dès 1758, de donner à sa ville natale une preuve éclatante de son patriotisme et de son zèle, en se livrant à des recherches profondes sur son histoire, sur ses usages, ses mœurs, ses établissements, ses grands personnages, son industrie et ses monuments. Le résultat de ces recherches, publié sous le titre d'éphémérides, parut périodiquement jusqu'en 1768.

Lié d'amitié avec M. Trasse, qui avait été long-temps, comme je viens de le dire, curé de Romilly-sur-Seine, les recherches auxquelles celui-ci s'était livré sur la bataille d'Attila, fixèrent l'attention de Grosley. Passionné pour ce genre d'études, Grosley vit d'abord, dans un événement de cette importance, un titre de plus à la célébrité qu'il s'efforçait d'attirer sur son pays. Partageant bientôt l'opinion de son ami, il employa toutes les richesses de son érudition à la répandre et à l'accréditer. Cette solution inattendue d'une question si long-temps agitée et toujours indécise, le flattait comme citoyen et comme érudit, et il s'attachait avec d'autant plus d'ardeur à la propager, qu'il trouvait, dans ce nouveau point de vue historique, matière à une double satisfaction.

Les matériaux qu'il a rassemblés sont importants; il a compulsé tous les historiens, et ne trouvant dans les travaux de ses devanciers aucun fait absolument contraire à son système, il s'est efforcé d'y adapter toutes les circonstances de leurs récits. Il a dû quelquefois faire violence au sens naturel de l'auteur qu'il consultait, négliger même quelques expressions ou quelques passages qui ne cadraient pas entièrement avec ses idées; mais, s'il a cédé à cette tentation, c'est évidemment parce qu'il n'y avait que ce seul moyen de donner toute la vraisemblance désirable à l'opinion qu'il avait adoptée.

Le mémoire de Grosley a trop d'étendue pour que je puisse le rapporter ici en entier. Il me suffira d'en donner l'analyse, et d'en extraire les points les plus saillants pour faire connaître la marche et l'esprit de cette composition.

Ce mémoire, en 25 pages, est intitulé: *Recherches qui fixent près de Troyes, le lieu de la bataille d'Attila, en 451.*

EXTRAIT.	NOTES ET RÉFUTATION.
Attila passa, en 451, de la Pannonie dans les Gaules, à la tête de 500,000 hommes; son dessein était de faire la guerre à Théodoric, qui régnait entre la Loire, l'Océan et la Méditerrannée. Il prit Metz, la veille de Pâques, qui tombait le 17 avril, et la saccagea. Il se montra au mois de mai sur le territoire de Reims, qui eut le même sort. Au lieu de marcher immédiatement sur Paris, il résolut	

de se porter directement sur la Loire. Il y a lieu de croire qu'il passa la Seine à Pont...

Il se porta ensuite sur l'Yonne et ravagea Auxerre[1]; partie de son armée passa l'Yonne à Auxerre, l'autre à Pont-sur-Seine.

Il arriva sur la Loire, à la vue d'Orléans, le 24 juin.

Les Français sous la conduite de Mérovée, les Bourguignons, les Gaulois de la Belgique et de la Celtique, les Saxons auxiliaires viennent joindre *Ætius*, qui se trouve ainsi à la tête de 200,000 hommes. Il s'était réuni à Théodoric avant que d'arriver à la vue d'Orléans.

Aussitôt qu'Ætius et Théodoric s'aperçurent qu'Attila levait le siége[2], ils se mirent à sa poursuite. Il y eut une affaire d'arrière-garde près d'Orléans. Ce qui a fait dire à *Idace* et à *Jornandès*[3], qu'il y eut une grande bataille sur la Loire, près d'Orléans, où Théodoric perdit la vie avec 200,000 Goths. Erreur évidente, car *Jor-*

1 Le gros de l'armée dut se porter directement sur Orléans, en passant l'Yonne à *Sens*, à *Pont* et à *Montereau*.

Un détachement put remonter l'Yonne, avec ordre d'observer les Bourguignons, et de mettre *Auxerre* à contribution.

2 Un homme de la trempe d'Attila, ne lève pas un siége aussi avancé et qui lui a déjà coûté tant de sacrifices, sans livrer bataille, et une bataille sanglante à l'ennemi qui vient l'attaquer.

3 Le récit de Jornandès est obscur et incomplet; car, sans parler en aucune manière de la levée du siége ni de la retraite, il vous transporte au même instant à Orléans, et dans les

nandès ajoute que cette bataille se donna dans les plaines de Châlons.

Grégoire de Tours dit qu'Attila s'étant retiré dans la plaine de *Mauriac*, s'y prépare au combat, et que voyant son armée prête à périr, il se retire avec précipitation : Théodoric est tué dans cette action.

Il s'est donc passé deux actions [4] ; l'une lors de la levée du siége d'Orléans, l'autre à Mauriacum. Ce sentiment est appuyé par les actes de saint *Anien*, évêque d'Orléans, où on lit qu'Attila, forcé de lever le siége, prit la fuite et qu'étant arrivé à Mauriacum [5], il y livra bataille et que son armée fut presqu'entièrement défaite.

Ætius avait prévenu Attila dans sa retraite et avait fait rompre les ponts sur la Seine, et il le suivait dans le dessein de le combattre dès qu'il l'aurait joint.

Presque tous les historiens conviennent que cette bataille s'est donnée dans les

champs Catalauniens. Mais on ne peut pas en inférer que la bataille se soit donnée sur la Loire : on doit interpréter par ce qui est clair, ce qui est obscur ; or il est clairement exprimé par Jornandès que l'action se passe dans les champs *Catalauniens*, nommés aussi *Mauriciens*.

[4] Il s'en est passé trois, l'une lors de la levée du siége, l'autre lors du passage de la Seine, où Attila avait été prévenu par Ætius, comme vous le dites vous-même un peu plus loin, et la troisième dans les plaines de Châlons.

[5] La question se réduit à savoir quelle est la véritable dénomination de *Méry* en latin, et si les expressions employées par les différents auteurs lui sont applicables ou ne peuvent pas désigner un autre lieu.

Le seul auteur ancien qui ait eu évidemment l'intention de désigner Méry, est *Aimoin*, en parlant de la fuite de la reine *Brunchault*; or voici ses propres expressions citées en note par Grosley :

plaines de Châlons-sur-Marne, *in campis Catalaunicis*, que *Jornandès* désigne ensuite d'une manière plus particulière par ces mots *campi Mauriaci;* c'est-à-dire qu'elle a été donnée dans la plaine de Mauriacum.

Grégoire de Tours dit qu'Attila se retira dans les plaines de Mauriacum.

Les actes de la vie de St-*Anien* disent qu'Attila fut défait *in loco qui vocatur Mauriacus.*

Idace dit positivement que les Huns dirigèrent leur marche vers la ville de Troyes, à dessein de camper dans les champs Mauriaciens, *Hunni repedentes Tricassis, in Mauriacensi consident campaniâ.*

Or, la petite ville de Méry s'appelait autrefois Mauriacum, et ce nom s'est étendu à la plaine qui l'environne, *campus Mauriacus et campania Mauriacensis.*

Cette identité se démontre par ce qu'on lit dans *Aimoin*, que la reine Brunechildis ab Austrasiis ejecta est, et in* Marciacensi *campaniâ à quodam homine paupere reperitur. »*

Il suit de-là que Méry ne doit pas se dire *Mauriacus*, comme il résulterait des textes d'Idace, de Grégoire de Tours et de St-Aignan, s'ils lui étaient appliqués; mais *Marciacus*, qui est le mot latin employé par Aimoin, dont l'autorité n'est pas moins grande pour l'éclaircissement de ce fait que celle des autres écrivains que nous venons de citer.

J'ajoute qu'il n'est aucun de ces auteurs qui ne puisse se concilier avec notre interprétation. Et d'abord, quoique Jornandès désigne la Champagne tout entière, il restreint cependant de suite son expression en ajoutant que la partie des champs Catalauniens où la bataille s'est donnée, se nomme aussi les champs Mauriciens, *campi Mauricii.* Il est même à observer que cette expression diffère de celles des autres auteurs, en ce qu'elle semble appliquer au champ de bataille un nom propre, celui d'un lieu qui aurait été placé sous l'invocation de St-Maurice.

Grégoire de Tours dit qu'Attila se retire *in campum Mauriacum;* la vie de Saint-Aignan hault, chassée du royaume d'Austrasie, arriva dans cette partie de la Champagne appelée *Mauriacensis*, où elle fut obligée de prendre un guide pour la conduire en Bourgogne.

Ce sentiment est appuyé de l'autorité de M. de Valois, qui, dans sa notice des Gaules, assure que la bataille s'est donnée dans la plaine de *Méry*, qui est celle désignée par *Mauriacum*, *campus Mauriacus et campania Mauriacensis*.

Une dernière preuve se tire des actes de la vie de St-Loup, qui assurent que les Huns s'étant répandus dans les Gaules, l'alarme devint générale; que St-Loup, persuadé de l'inutilité et de l'impossibilité de défendre une ville ouverte, envoya complimenter Attila qui était campé vers le village de Brolium [6], à présent Saint-Mesmin, distant de cinq lieues de Troyes, que sept clercs et un diacre se présentèrent à lui précédés

qu'il est défait *in loco qui vocatur Mauriacus*. Idace, que les Huns, repassant par Troyes, *repedentes Tricassis*, vont prendre position, *consident*, dans les champs Mauriaciens. Si les premiers auteurs ne sont pas contraires à mon opinion, celui-ci lui est entièrement favorable; car il résulte de son récit que la bataille s'est donnée après et non avant le passage de la Seine par Attila, c'est-à-dire évidemment près de Châlons, et non près de Méry.

Grosley confond ici trois expressions bien différentes. Celle de Jornandès, *campi Mauricii*; celle d'Idace, de Grégoire de Tours et de la vie de St-Aignan, *campus Mauriacus*, et celle d'Aimoin, *Campania Marciacensis*; est-ce à dessein ou par erreur qu'il a fait cette confusion?

6 On lit dans la vie de Saint-Loup, « *Hunni, ad Tricassim infesto agmine venere civitatem, patentibus campis sitam, et nec armis munitam, nec muris.* » Il est plus naturel de supposer

de la croix, qu'Attila les reçut bien, mais qu'ensuite il les fit massacrer.

Ainsi Attila était alors campé à cinq lieues de Troyes, dans la plaine voisine de Méry; c'est donc là qu'on doit trouver ce champ de bataille si souvent appelé *campus Mauriacus*.

DESCRIPTION DU CHAMP DE BATAILLE.

1° La plaine de Méry [Pl. 5.], à gauche de la Seine, a plus de quatre lieues de longueur et de deux lieues de lar-

qu'Attila venait de passer la Seine, et qu'avant de marcher sur Orléans, son armée prenait quelques jours de repos, lorsque St-Loup lui envoya une députation.

Troyes étant une ville ouverte, nul doute qu'Attila ne l'eût déjà fait occuper par un détachement et que les habitants n'eussent cherché à se rendre favorable par une prompte soumission. Comment Attila aurait-il négligé de s'emparer d'une ville importante qu'il avait sous la main, lorsque Grosley dit lui-même qu'il fit occuper Auxerre, qui était à douze lieues au-delà. Ainsi, Attila marchait alors sur Orléans. Il est plus que probable que, pendant son séjour sur la Seine, il visita Troyes, où St-Loup lui fut présenté, et que c'est dans cette première entrevue qu'il conçut pour les vertus du saint prélat une si grande vénération. Dans sa retraite, il dut également repasser par Troyes, une partie du moins de son armée prit cette direction, et peut-être est-ce alors qu'Attila persuada à Saint-Loup de l'accompagner. En se mettant sous sa protection, il faisait un acte de prudence encore plus que de respect. St-Loup resta sans doute à Châlons pendant les préparatifs et le jour geur, jusque vers les hameaux d'Echemines et d'Occy ; elle a donc pu contenir deux armées de 500,000 combattants [7] environ chacune.

Attila a pu camper entre Savière et Saint-Mesmin, ayant devant lui le petit ruisseau de Fontaine, à cheval sur la route de Troyes à Pont.

Ætius a pu camper vers le village de Chatres, qui s'appelle en latin *Castrum*, peut-être à cause du camp de ce général. Il a dû placer ses équipages qui étaient considérables, pour leur sûreté, entre Romilly et le ruisseau de *Pars*, près d'une hauteur appelée les Hauts-Buissons, d'où l'on pouvait aisément découvrir les mouvements des Huns.

On voit à la tête des marais, vers *Pars*, deux ou trois petites élévations appelées *Temels* [8], qui paraissent avoir servi pour y poster des sentinelles.

2° Entre ces deux camps, l'espace est convenable et

même de la bataille ; mais l'une des clauses du traité qui la suivit, permit à Attila de l'emmener jusqu'au Rhin.

[7] De deux choses l'une, ou les armées étaient moins nombreuses, ou elles ont combattu dans une plaine plus vaste que celle de Méry. Une plaine de deux lieues de largeur admet tout au plus quinze à dix-huit mille hommes de front ; ainsi, chaque armée aurait dû être rangée sur 25 à 30 de profondeur pour que tous les corps prissent part au combat ; or, on sait que le corps le plus renommé pour la force qu'il tirait de son ordre de bataille, la *phalange*, ne se rangeait que sur seize de hauteur. Le fait est que le nombre des combattants était loin du chiffre supposé par Grosley.

[8] Ces *temels* sont les monuments du violent combat d'arrière-garde, qu'Attila dut soutenir contre Ætius, pour donner le temps à son armée de se couvrir par la Seine et de gagner les

suffisant pour ranger les deux armées en bataille.

Ætius commandait l'aile gauche placée entre Chatres et Saint-Georges, à cheval sur la route.

Théodoric à l'aile droite était posté vers Orvilliers.

Sangiban occupait le centre.

Attila [9] avait sa droite sur Saint-Mesmin, sa gauche vers Echemines, lui-même commandait le centre afin d'être à portée de tout.

champs Catalauniens, où son projet était dès lors de livrer une grande bataille, après y avoir rassemblé toutes ses forces.

9 Si telle était la position d'*Attila*, il était perdu sans ressources. Coupé de sa ligne d'opération, séparé des forces qu'il avait laissées sur ses derrières, à Châlons, à Reims, sur l'Aisne et sur la Meuse, il ne pouvait plus effectuer sa retraite vers le Rhin. Ætius, maître des ponts de Méry, plus près qu'Attila d'Arcis et de Châlons, n'avait pas besoin de lui livrer bataille pour assurer sa défaite, il pouvait le détruire sans combat. Attila aurait fait une faute impardonnable en ne s'arrêtant pas en avant de Méry, pour combattre Ætius et pour conserver sa ligne d'opérations. Mais dans ce cas là même, il aurait encore fait un mauvais choix, car un bon général ne livre jamais bataille ayant un défilé sur ses derrières et adossé à une forêt ou à un pont. (C'est la faute de Wellington à Waterloo, faute

qui fut si heureusement réparée par celle de Grouchy,) puisque, s'il est battu, toute retraite lui est impossible, et qu'il se trouve réduit à mettre bas les armes. Telle fut la position de *Melas*, le soir de la bataille de *Marengo*.

Attila, comme nous l'avons déjà vu, se battit à Méry, mais uniquement pour donner le temps à son armée de défiler, et il repassa le dernier sur la rive droite de la Seine, en couvrant sa retraite par la rupture des ponts.

Il est inutile d'ajouter que, dans l'ordre de bataille indiqué par Grosley, l'aile gauche d'Attila, de même que l'aile droite d'Ætius, auraient été tout-à-fait en l'air, sans points d'appui, et exposées à des attaques de flanc, toujours très-dangereuses lorsqu'elles sont faites à propos; et qu'il est encore de règle, dans le choix d'un champ de bataille, d'avoir ses flancs bien appuyés soit par des obstacles naturels, soit par des ouvrages qui donnent à la position adoptée la force qu'elle ne possède pas naturellement.

Enfin Attila, dans cette position, eût commis une très-grande faute en engageant le combat à trois heures après midi, car *Jornandes* donne à entendre qu'il choisit cette heure avancée parce qu'il avait sur ses derrières une vaste plaine pour opérer sa retraite s'il était battu; or, en avant de Méry, les Barbares auraient eu un défilé, un pont, une rivière, des marais à traverser pour échapper à l'ennemi, et en arrière, toujours sur la rive gauche de la Seine, ils se trouvaient tellement débordés, que toute retraite vers le Rhin leur était absolument interdite.

3° Entre ces deux armées il y avait une petite colline [10] importante par sa situation, en sorte que les deux armées avaient dessein de s'en emparer. Or cette colline se trouve dans la plaine de Méry, on l'appelle la *hauteur de Saint-Georges.*

[10] *Jornandès* ne dit pas qu'il y avait une petite colline entre les deux armées, mais que le terrain qui les séparait, s'élevait en forme d'une colline légèrement inclinée:

« *Erat autem positio loci de-* » *clivi tumore in modum collis* » *excrescens.* »

De quelle importance pouvait être pour une armée de 500 mille hommes la possession d'un mamelon comme celui de Saint-Georges, sur lequel peut-être on pouvait à peine ranger un bataillon de 500 hommes. La colline dont il s'agit, s'étendait, comme on l'a vu dans le premier chapitre, sur plus de la moitié du champ de bataille, et elle donnait effectivement un grand avantage à celui qui en occupait le sommet.

4° Il devait se trouver là un petit ruisseau avec des bords peu élevés. On voit ce ruisseau au bas de la colline du côté du campement d'Attila; il prend sa source vers le prieuré de Saint-Georges [11].

[11] Si Attila avait le projet

D'après toutes ces observations, il paraît démontré que cette fameuse bataille a été réellement décidée dans la plaine de Méry.

(Ici Grosley réfute les opinions contraires à son système.)

L'opinion des auteurs qui placent la bataille vers la ville de Châlons, est en contradiction avec tous les monuments, et ne peut se concilier, dit-il :

1° Avec le campement [12] d'Attila dans le voisinage de Troyes; l'envoi d'une députation à ce prince par saint Loup, et le martyre des députés vers *Saint-Mesmin*.

2° Avec le passage d'Attila par la ville de Troyes, et la sûreté que lui donne Saint-Loup en l'accompagnant en qualité d'ôtage, dans sa retraite.

Si Attila eût perdu la bataille au-delà de Châlons, comment peut-on supposer qu'il eût rétrogradé pour venir à Troyes, en s'éloignant de son véritable che-

d'attaquer Ætius, il ne devait pas ranger son armée derrière le ruisseau, c'eût été se créer à plaisir une difficulté très-grave, car le passage de ce ruisseau suffisait pour mettre son armée en désordre. Il devait former sa ligne de bataille en avant et au haut de la colline, et il le pouvait d'autant mieux qu'il avait déjà occupé cette colline dans sa retraite, et que, selon Grosley, il avait eu le choix de sa position.

[12] Le campement d'Attila dans le voisinage de Troyes, ne contredit nullement les auteurs qui placent la bataille dans les plaines de Châlons. Ce campement, ainsi que tout ce qui s'y rapporte, avait eu lieu dans la marche d'Attila vers la Loire, et non dans sa retraite après la levée du siége d'Orléans.

Les autres objections sont d'une telle faiblesse qu'on se croit dispensé de les réfuter.

min, puisque suivant le traité fait avec Ætius, il était obligé de regagner le Rhin.

(L'auteur reprend ensuite son récit :)

Attila arriva en Champagne vers la fin d'août ou au commencement de septembre. Ayant choisi la plaine de Méry pour y camper, il laisse devant lui le ruisseau de Saint-Georges et la petite colline si importante par sa situation.

Les armées s'étant mises en ordre de bataille dès le matin [13] du 9 au 10 septembre, Attila fit sonner la charge..... Au premier signal, son aile droite passe le ruisseau [14] en bon ordre et s'avance pour s'emparer de la colline. Ils y trouvent les Romains : un combat opiniâtre s'engage sur toute la ligne..... Enfin les Huns, poussés de toutes parts, commencent à plier..... Ils furent enfoncés partout. On vit alors le ruisseau abandonné rouler le sang à pleins

13 On ne voit pas pourquoi Grosley se met ici en contradiction avec Jornandès, d'après lequel l'action ne commença qu'à trois heures de l'après-midi.

14 Avoir un ruisseau devant soi, lorsqu'on se propose d'attaquer, est une mauvaise position qu'on peut se trouver forcé d'adopter, mais la choisir librement est une faute capitale qu'Attila ne dut pas commettre.

bords avec la rapidité d'un torrent.....

Attila faisait manœuvrer sa cavalerie pour assurer sa retraite. Il était tard, le jour finissait. Théodoric s'étant trop avancé, eut son cheval tué sous lui. Il tomba et mourut foulé aux pieds des chevaux.

Attila se retira précipitamment dans son camp où il recueillit les débris de son armée. Il fit travailler toute la nuit à renforcer ses retranchements [15]... (Et plus loin,) il fit faire au milieu de son camp un retranchement où il rassembla ses effets précieux, son trésor, etc.....

Il est vraisemblable que Théodoric fut enterré à la vue du camp ennemi, en signe de triomphe, sur la colline même [16], dans l'endroit où existe encore une chapelle dédiée à Saint-Georges, patron des vainqueurs et protecteur des guerriers.

15 Ces retranchements où sont-ils, qui les a vus, n'en reste-t-il pas de vestiges? Approchez-vous de Châlons, venez et voyez : *ubi Mauriacus campus tribus leucis Catalauno abest.* (Isidore de Séville.)

16 Le tombeau d'un roi puissant qui trouve une mort glorieuse sur un champ de bataille aussi fameux, doit offrir quelque chose de remarquable. Ses vestiges doivent traverser les âges, le temps lui-même doit être impuissant pour les effacer; nul

Thorismond, après avoir rendu les derniers devoirs à son père [17], brûlait du désir de venger sa mort....

On insulta le camp ennemi... Cette petite guerre dura quelques jours...

Enfin ce prince si fier fit proposer à *Ætius* une somme de dix mille sols d'or, avec promesse d'évacuer les Gaules et de s'en retourner audelà du Rhin.....

Ætius redoutait l'ambition de Thorismond; il traita avec Attila.....

On croit qu'il souhaitait de parvenir à l'empire. Le soupçon qu'en eut par la suite la cour de Ravenne, lui coûta la vie...

Vers le 20 du mois de septembre, dix jours environ après la bataille, Attila décampa.... Il alla à Troyes, promit d'épargner la ville, à condition que Saint-Loup l'accompagnerait jusqu'au Rhin [18].

doute que le *tumulus de Poix* ne soit le tombeau de *Théodoric*.

[17] Il n'est pas vraisemblable qu'Ætius ait laissé distraire une partie de l'armée des combats qu'elle avait encore à soutenir, pour rendre les honneurs militaires à *Théodoric*. Il fallait d'abord en finir avec Attila, le forcer dans son camp, et le chasser ou traiter avec lui. C'est donc seulement après le départ des barbares, que l'armée tout entière se livra à ce soin pieux, et qu'elle consacra par de nombreux monuments le souvenir de la victoire qu'elle venait de remporter. Six tombeaux (*tumuli*), quatre pyramides immenses, indépendamment des vastes retranchements qu'Attila avait fait élever, subsistent encore aujourd'hui; ils sont sous nos yeux et transmettront à la postérité la plus reculée la mémoire de ce glorieux événement.

[18] Attila, après le traité d'évacuation, dut retourner sur le Rhin, par journées d'étapes et par le plus court chemin. Il n'était plus en position de pro-

mettre ses bonnes graces aux villes qui se trouveraient sur son passage. L'une des conditions du traité portait qu'il ne se permettrait aucun acte de violence, qu'il se bornerait à demander des vivres aux habitants, et qu'il s'interdirait, à leur égard, toute exaction et tout mauvais traitement. Il ne passa pas à Troyes après la bataille, mais y eût-il passé, étant alors dans l'attitude d'un vaincu, il aurait épargné cette grande ville malgré lui.

Maintenant il me paraît suffisamment établi que la bataille ne s'est pas donnée à Méry. Le champ de bataille eût été on ne peut pas plus mal choisi; coupé de sa ligne d'opération, Attila aurait commis la faute grave de ne pas attirer à lui tous ses renforts avant de se mesurer avec son ennemi; battu, il ne lui restait aucune possibilité de se retirer sur le Rhin.

Ætius lui-même aurait commis une faute semblable, car il avait besoin de toutes ses forces pour porter un coup décisif, et c'est seulement au-delà de la Marne, dans la plaine de Reims, qu'il fut rejoint par les Belges, par les Saxons, par les Bourguignons, et qu'il put rallier à lui tous ses détachements.

GRANGIER.

Je me reprocherais de passer sous silence le travail obscur et peut-être trop dédaigné de l'un de nos compatriotes, du simple et modeste GRANGIER, lequel a donné en 1641 une dissertation latine sur le lieu où Attila fut défait.

Jean Grangier, professeur de l'université de Paris, et principal du collége de Beauvais, était né à Châlons vers l'an 1576. C'est à l'aide des renseignements que lui fournit son ami, Nicolas Copitet, aussi de Châlons, qu'il a composé sa dissertation.

Il est évident qu'il se proposait de consacrer, par cet écrit, l'existence d'une tradition populaire très-répandue dans le pays, sur le lieu où la bataille d'Attila s'était livrée; tradition qui était peut-être alors controversée dans le monde savant, mais qu'il a étayée de si pauvres arguments, que son ouvrage, loin de la remettre en honneur, dut plutôt l'affaiblir et la discréditer.

Voici en quels termes Grosley juge le travail de Grangier :

« Il prétend, dit-il, qu'Attila fut battu dans le voisinage de Châlons, près le village de Cuperly, où il existe encore un de ces camps retranchés, que tenaient les troupes romaines, destinées à la garde des frontières de l'empire; le peuple l'appelle camp d'Attila, mais le peuple se trompe bien souvent en matière de cette espèce. »

Le dédain que Grosley témoigne ici pour les traditions populaires, est sans doute la cause des erreurs graves où il est tombé lui-même dans sa dissertation. Il eût été de son devoir de venir vérifier sur place ce que Grangier affirmait du lieu de la bataille : il a préféré un autre système; ce en quoi il est d'autant moins excusable que, de tous les chroniqueurs, lui seul peut-être était à portée de faire jaillir la lumière du choc des opinions et de débrouiller le chaos des anciens historiens. Il rappelle ironiquement que Grangier est le même à qui Cirano a donné le premier rôle dans son *pédant joué*, et il le croit suffisamment réfuté par cette mordante observation.

La dissertation de Grangier, écrite d'un style emphatique, est une brochure en 37 pages, que les libraires de Leipsick ont eu le courage de réimprimer en 1746. Elle est dédiée au cardinal de Richelieu, alors abbé de Saint-Pierre de Châlons.

Après un assez long préambule, qui n'a aucun rapport avec la question; après un éloge pompeux des vertus de son éminence, et quelques généralités triviales sur l'histoire, l'auteur divise les historiens qui ont parlé de la bataille en trois classes. Il n'a pas de peine à prouver l'absurdité de ceux qui disent que les champs Catalauniens ne sont distants de Toulouse que de trois lieues; qui nomment Montesch, le lieu de la bataille, et qui font dériver ce nom de celui d'Ætius. Il ne combat pas avec moins de succès ceux qui placent ce champ de bataille dans les montagnes de l'Auvergne, parce qu'il s'y trouve, disent-ils, quelque part une colline, au haut de laquelle est une croix nommée *Croix des batailles*. Arrivant ensuite à ceux qui admettent que la bataille s'est donnée dans les plaines de la Champagne, il se propose de révendiquer cet honneur pour les environs de Châlons.

Chemin faisant, il attribue la mort de Saint-Nicaise et la ruine de Reims à Attila, (ce qui est un anachronisme de 43 ans,) et le salut de Châlons aux prières de Saint-Alpin.

Après avoir mis, à la manière antique, un très-long discours dans la bouche d'Attila avant la bataille, il cite une note manuscrite d'un livre du chapitre de la cathédrale de Châlons, contenant l'histoire du divin Antonin, à l'endroit où se trouve le récit de la défaite d'Attila, laquelle est ainsi conçue.

« *Bellum hoc apud Capam-Villam agri Catalaunensis, ubi adhuc vestigia restant, gestum est. Est enim ibi ager, seu campus magnus, fossatis conclusus, in pede cujus est fluvius ille de quo dicitur in textu.* »

Grangier ajoute que ce lieu « *ubi Attila ab adversariis victus se noctis beneficio recepit, tutavit, munivit,* » se nomme encore le vieux Châlons.

Il cite en outre un passage de Nicephore, au 14ᵉ livre de l'histoire de Mérovée, lequel attribue, comme de raison, une très-grande part aux Francs dans le gain de la bataille, et ajoute même une observation peu bienveillante pour les Romains.

« *Romani pristinæ virtutis memores, acriter instabant, sed malè afficiebantur à Hunnis arcu pollentibus, cum essent nudati.... usque adeò ut de fugâ non de pugnâ cogitare viderentur, nisi subvenisset* Ætius.....

Grangier s'attache beaucoup à l'étymologie du nom de *Mauriac*, mais il n'est pas heureux dans ses déductions. Il prétend que ce sont les villages de *Maurupt* et d'*Heitz-le-Maurupt*, distants du camp d'Attila de dix lieues, et séparés de la Champagne, l'un par une vallée marécageuse, l'autre par deux grandes rivières, la *Saulx* et l'*Ornain*, ainsi que par plusieurs autres villages, qui ont donné leur nom à la bataille, et il appuie cette singulière opinion sur un extrait de l'index des cures de l'évêché de Châlons ; au reste, écoutons-le lui-même.

« *Redeo ad fluviolum quem illa ipsa pugna permistâ cæde tepefecit. Is de nomine vici quem irrigat* Meletes *vocatur; et propter vicos qui* Moru *et* Elmoru *appellantur in illo tractu, quique agro* Moriaco *et* Moriacensi *nomen dedere, pugnæ cognominem celebrant.*

» *Horum alterum et quidem posteriorem index curiarum episcopii hæsum* Almarici *latinè vocitat, quâ de causâ non ita scire laboro; priorem verò de malo rivo indigetat, quem non solùm ille ipse rivulus, verum etiam alii sic aquosum efficiunt, ut non nisi per grallatores obiri possit hybernâ tempestate.* »

Après une discussion aussi lumineuse, étayée de preuves aussi convaincantes, Grangier, pour ne rien laisser à desirer à son *Mécène*, enrichit son travail du portrait d'Attila, portrait dont la ressemblance est d'autant plus frappante qu'il lui donne avec des traits, d'ailleurs assez réguliers, un air impitoyable et féroce, et que, pour caractériser sa méchanceté diabolique, il lui implante deux cornes de bélier sur le front.

Appendice.

Si *Mauriacus* ne désigne pas *Méry-sur-Seine*, quel lieu peut-il désigner ?

Jornandès dit que les *champs Catalauniens* se nomment aussi les *champs Mauriciens*. Cette expression est trop vague pour s'appliquer à un lieu déterminé; d'ailleurs *Mauricius*, si ce n'est pas une faute de copiste, est différent de *Mauriacus*.

Grégoire de Tours s'exprime plus clairement. Selon lui, Attila *Mauriacum campum adiens, se præcingit ad bellum*. Ainsi Attila se prépare au combat dans les champs de *Mauriac*.

Selon Fredegaire, *Thorismondus cum Attilâ, Mauriaci confligit certamine.*

Enfin la vie de Saint-Aignan dit en propres termes que la bataille s'est donnée dans un lieu nommé Mauriacus, *in loco qui vocatur Mauriacus.*

Au lieu où est Lacheppe, existait nécessairement du temps des Romains un endroit habité. La rencontre d'une des principales voies militaires avec un ruisseau pur et abondant, au sein d'une plaine aride et d'une immense étendue, ne permet pas de douter que là ne se trouvât un lieu de repos, une *mansion* pour les troupes, un relais pour les voyageurs ; je crois pouvoir avancer que cet endroit se nommait *Mauriacus*. Si l'on objecte que *Mauriac* n'offre pas la plus légère consonnance avec *Lacheppe*, je ferai observer que la différence entre ces deux noms n'est pas plus grande qu'entre *Caturigas* et Bar-le-Duc, *Axuenna* et Vienne-la-Ville, *Bibé* et le Mont-Aimé, et je demanderai par quelle transformation Meaux est venu de *Latinum*, Metz de *Divodurum*, Orléans de *Genabum*, Amiens de *Somarobriva*, Arras de *Nemetacum*, Reims de *Durocortorum*, et tant d'autres dont l'identité n'est cependant pas contestée. *Mauriac* donna son nom à la grande redoute ou au camp retranché d'Attila, et comme c'est là qu'étaient ses bagages, son quartier général, ses trésors, et qu'il fut réduit à capituler, Ætius désigna la bataille par le lieu où s'était passé cet événement important : elle fut donc nommée *bataille de Mauriacus*.

A la vérité un autre village pouvait exister sur l'emplacement de Bussy, et comme ce point était le centre de la seconde position d'Attila, celui où les Romains avaient eu tant de peine à forcer le passage du ruisseau, il ne serait pas impossible que ce village n'eût aussi donné son nom à la bataille.

Enfin, au lieu où est le bourg de Suippe, a dû exister dès les temps les plus reculés une ville ou un village dont le nom pouvait s'étendre à toute la plaine qui fut le théâtre de cette grande action. Quoique j'adopte exclusivement la première version, le choix est libre entre celle que je regarde comme la plus vraisemblable ou pour mieux dire comme la seule vraisemblable, et les deux autres que je viens d'indiquer.

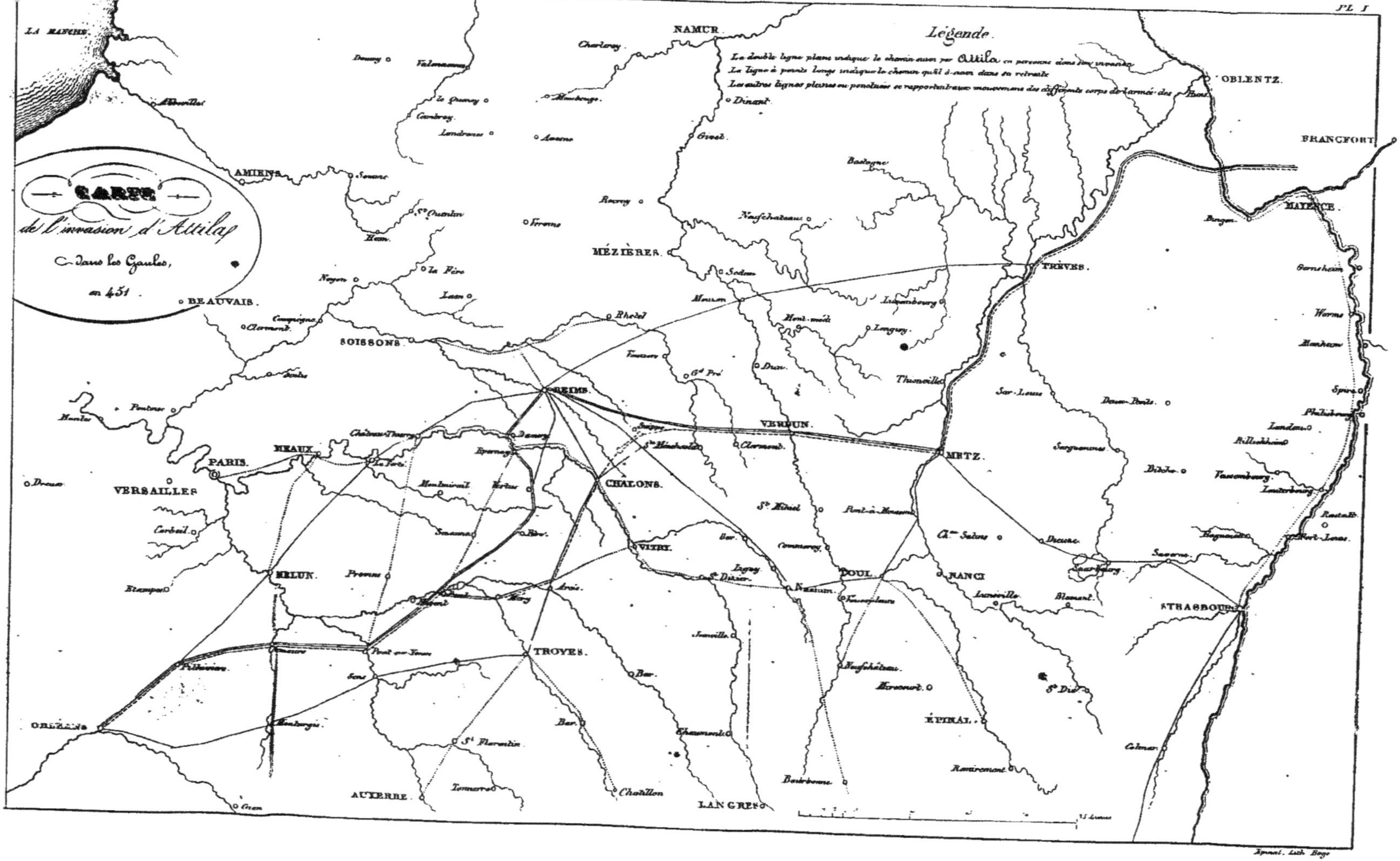
PL. I
Carte de l'invasion d'Attila dans les Gaules, en 451
Légende
LA MANCHE
NAMUR
OBLENTZ
FRANCFORT
MAYENCE
AMIENS
BEAUVAIS
SOISSONS
MÉZIÈRES
TRÈVES
REIMS
VERDUN
METZ
CHALONS
PARIS
MEAUX
VERSAILLES
MELUN
VITRY
TOUL
NANCI
STRASBOURG
TROYES
ÉPINAL
ORLÉANS
AUXERRE
LANGRES

Pl. II

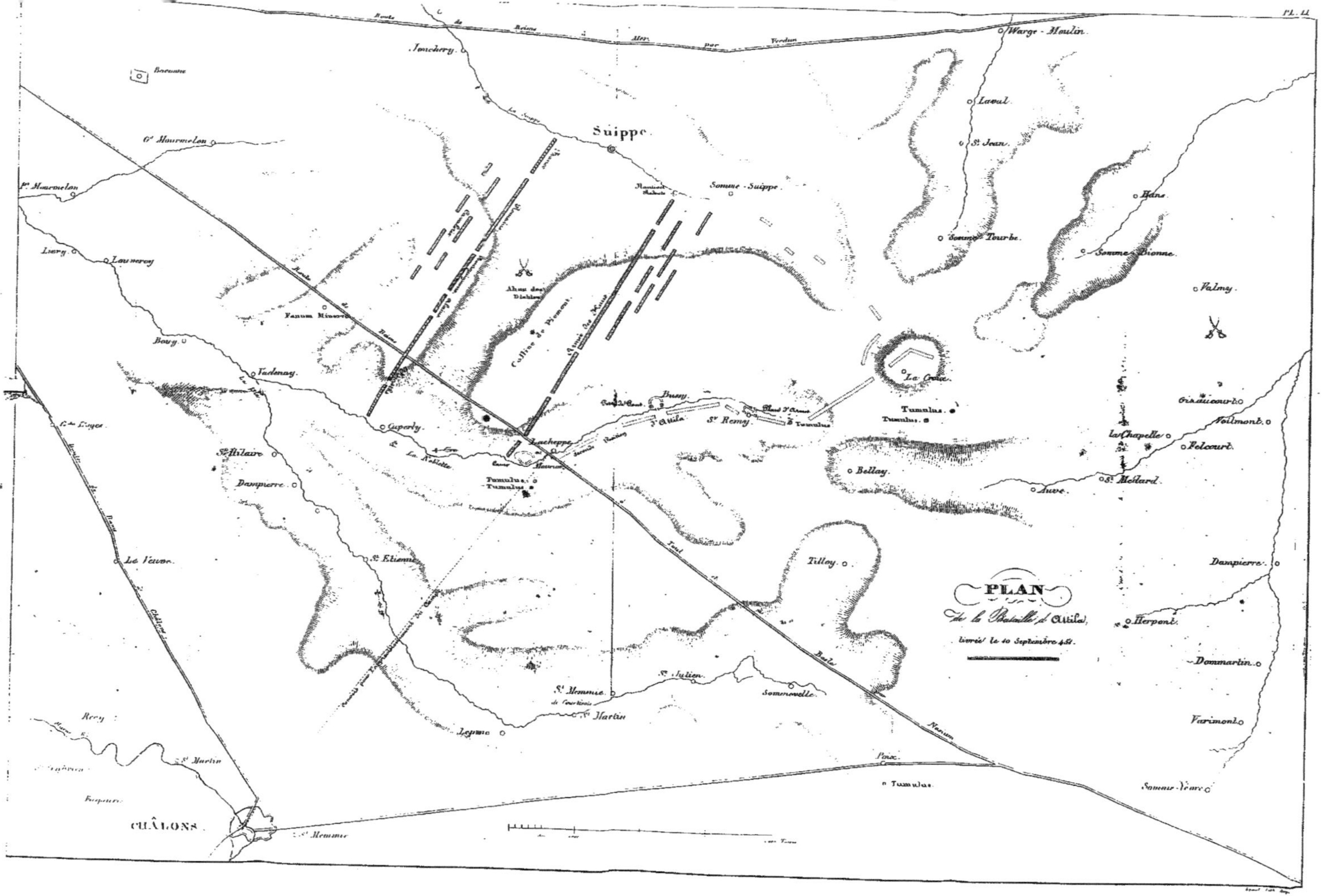
PLAN
de la Bataille d'Attila,
livrée le 10 Septembre 451.
Suippe
CHÂLONS
Jonchery
Warge-Moulin
Laval
St. Jean
Somme-Tourbe
Hans
Somme-Bionne
Valmy
Gd. Mourmelon
Pt. Mourmelon
Somme-Suippe
Livry
Louvercy
Bouy
Vadenay
Fanum Minervæ
Colline de Piémont
La Croix
Tumulus
Cuperly
Lacheppe
La Noblette
Bussy
St. Attila
St. Remy
Gizaucourt
Voilmont
La Chapelle
Valcourt
St. Mélard
Auve
Bellay
St. Hilaire
Dampierre
Le Veuve
St. Etienne
Tilloy
St. Julien
Sommevelle
St. Memmie
St. Martin
Lepine
Herpont
Dommartin
Varimont
Somme-Yèvre
Poix
Recy
St. Memmie
Baconne

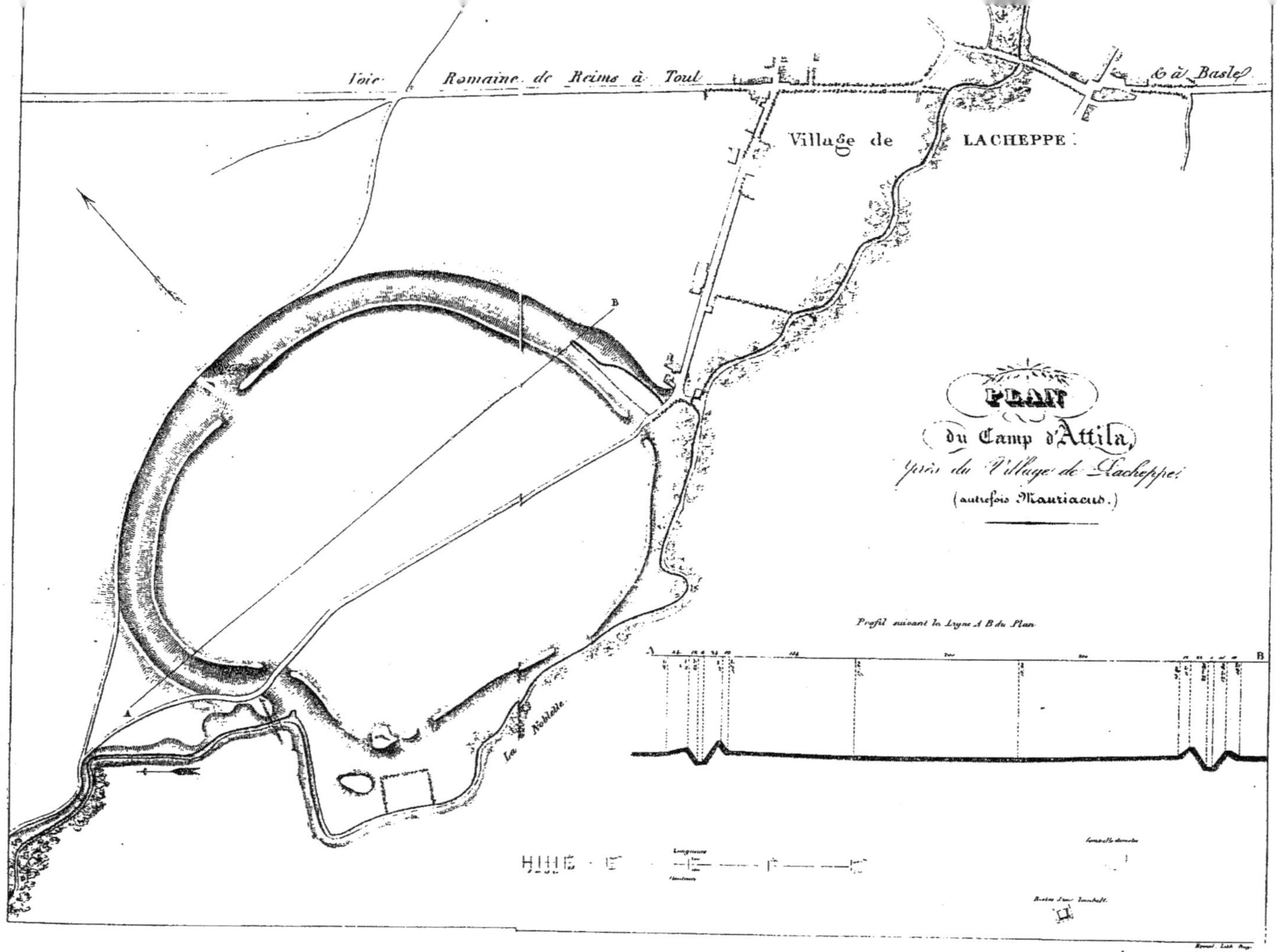
PLAN
du Camp d'Attila,
près du Village de Lacheppe.
(autrefois Mauriacus.)
Voie Romaine de Reims à Toul & à Basle
Village de LACHEPPE
La Noblelle
Profil suivant la Ligne A B du Plan
A
B

Redoute de Nantivet.

Fig. 1

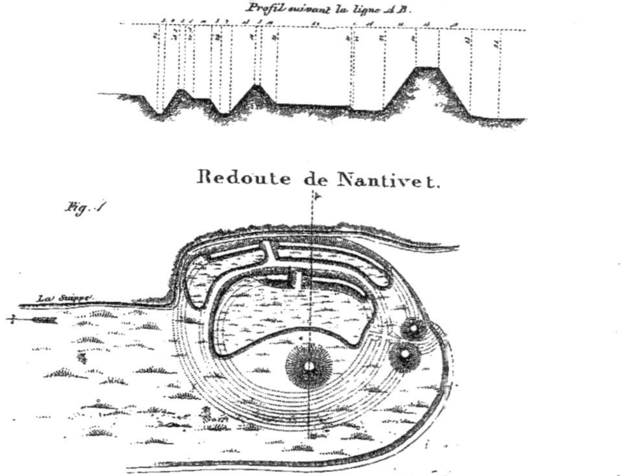

Tumulus de Poix

(Tombeau de Théodoric)

Fig. 2

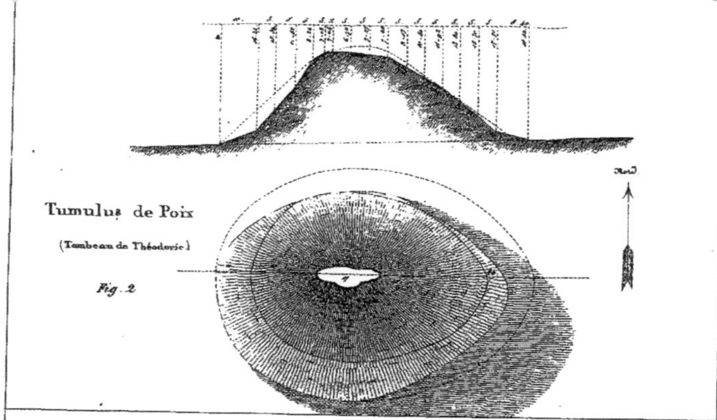

Place d'Armes de S^t. Remy.

Fig. 3

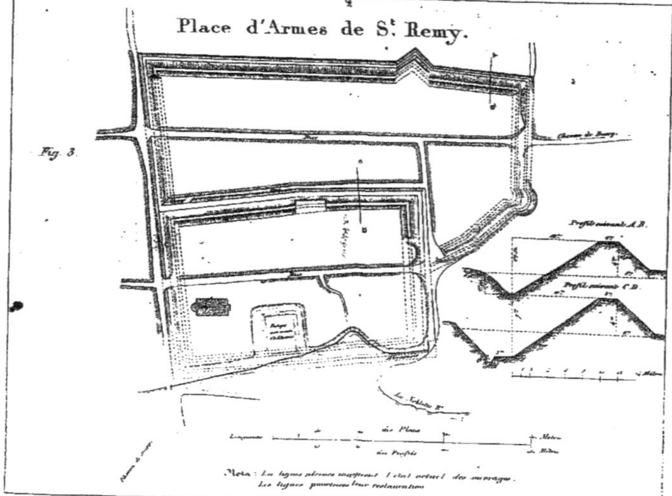

Tête de Pont de Bussy.

Fig. 4

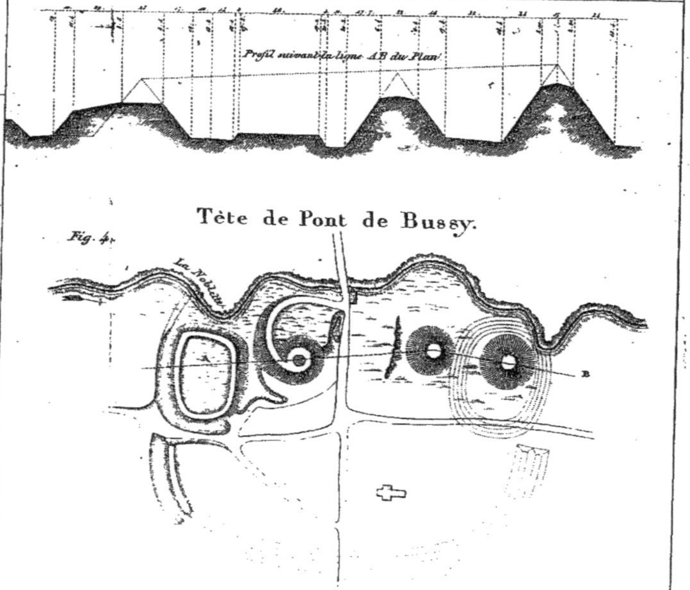

Pl. V

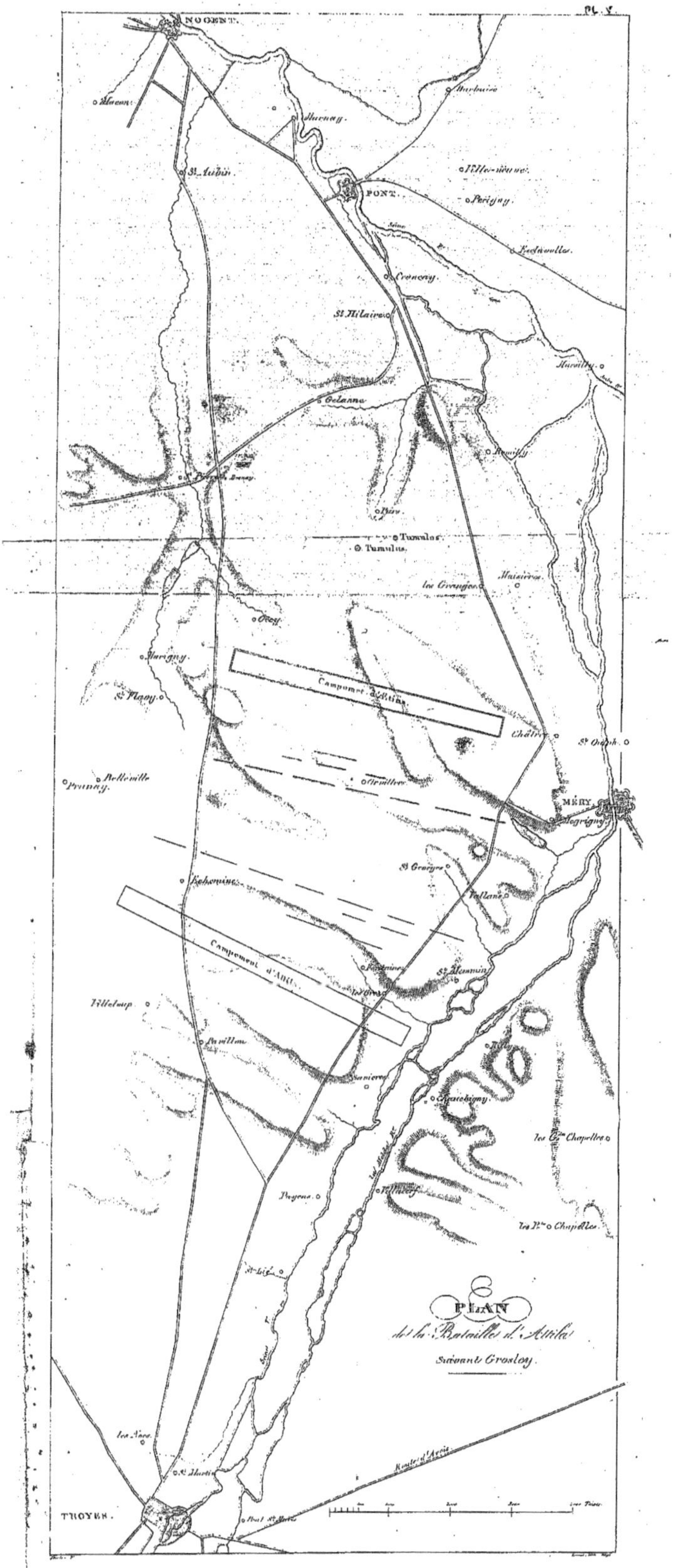
NOGENT
PONT
Tumulus
Tumulus
MÉRY
Campement d'Attila
Campement d'Aëtius
TROYES
Route d'Arcis
PLAN
de la Bataille d'Attila
suivant Grosley

www.ingramcontent.com/pod-product-compliance
Lightning Source LLC
Chambersburg PA
CBHW050020100426
42739CB00011B/2727